AF290047

tintas_de_amor

Yuddy Cifuentes

Copyright © Brenda Judith Cifuentes García
Impresión y editorial: BoD – Books on Demand
info@bod.com.es - www.bod.com.es
Impreso en Alemania – Printed in Germany
ISBN 9788413735412

Prólogo

"Yo siempre me siento feliz, ¿sabes por qué? porque no espero nada de nadie, esperar siempre duele. La vida es corta, por eso ama la vida. Sé feliz y siempre sonríe. Solo vive para ti y recuerda: antes de hablar, escucha. Antes de escribir, piensa. Antes de herir, siente. Antes de odiar, ama. Antes de rendirte, intenta. Antes de morir, vive".

William Shakespeare

La vida es solo una y hay que vivirla, siempre con agradecimiento por cada alma que conecta con la nuestra. Soy una mujer a la que la vida le ha dado muchas vueltas, pero cada una de ellas me ha mejorado. Estoy acá ante ustedes mostrando mi alma en versos, mostrando mi universo en poesías, mostrando mi esencia que es el amor. Mi vida está llena de tragedias que el amor me ha solventado y me ha abrazado para sortearlas. Un día soñé y camine un camino desconocido, a pesar de los desánimos alguien creyó como lo hice yo y ahora mis tintas de amor fluyen en los corazones de almas que como yo seguimos amando vivir. Amor, letras y música fluyen por mis venas y de tinta está llena mi alma. Escribo para que el amor no muera, escribo porque el amor me hace vivir, escribo sentimientos que viajan a tu corazón y mis versos se vuelven viajeros que aterrizan en allí en tu alma.

Yuddy Cifuentes

~ Adiós ~

Te di el abrazo
más largo que jamás
había dado,
lloré, mi corazón se volvió
chiquito al darse cuenta
de que no existiría más
un nosotros.
El adiós era definitivo,
y con él caducaban
los últimos segundos
de vida que compartimos
aunque dentro del corazón
un espacio siempre guardé
para recordarte y conservar
el amor que un día me regalaste.

———————

~ **Ausencia** ~

Me dijeron que no toda
distancia es ausencia,
Ni todo silencio es olvido.

Pero la ausencia se siente
y el olvido poco a poco,
se hace presente.

Aunque a veces el corazón
no olvida sólo ignora, ignora,
hasta no volver a recordar.

Si te veo, te saludo y continuó...
Porque te di una oportunidad...
Fácil la echaste a perder.

Gracias a la ausencia...
Ninguno de mis versos...
Volverán a llevar tu nombre.

———————

~ **Ángel** ~

La vida nos unió
por un breve instante,
dejando marcas imborrables
para siempre.

Hoy perteneces a un universo
distinto, uno al cuál
yo no pertenezco.

El cielo es tu morada
y la tierra se convirtió
en un lejano recuerdo, pues
ahora un ángel eres tú.

———————

~ Estrella ~

El cielo es el único testigo
con el cuál hoy puedo conversar,
pues en una estrella te has
convertido y titilas sin parar
como recordándome que desde
ese cielo aún me amas
y me cuidas sin descansar.

Estrella del norte, lucero del sur
Luna de plata, hazme un favor
tú que tienes la cercanía,
dile que desde este lado
con amor le hacemos poesía.

———————

~ **Creación** ~

Tengo unas ganas locas
de comerme cada estrella,
de tu universo.

Navegar entre tus galaxias
y explorar cada nebulosa
que te envuelve.

Descubrir cada constelación
y escribir con besos poesía
en tus suspiros.

Detener el tiempo contigo
y hacer explotar otro sol que
Ilumine cada rincón infinito,
haciendo de este deseo una
creación perfecta.

Que este baile entre tu fuego y el mío
sea una marea solar que nos extinga
por una eternidad y que esa eternidad
la midan solo tus ganas.

Llegar al éxtasis mientras me pierdo
en tu mirada frente a la mía y mientras
la explosión de nuevas galaxias hacen
explotar al corazón al ritmo que nos gusta,
gemirte al oído y decirte, quiero más,
mucho más de ti.

———————

~ **Mamá** ~

Mi vida siempre pendió de un hilo,
un hilo de amor que fue tejido en un
corazón que me amo sin conocerme.

Cuándo preguntaba sin parar de dónde vengo, ella
con mucho amor me respondía, corazón tu vida
nació en el universo, nació en el corazón de Dios
y yo, se lo creí.

El hilo que nos unió creció en su vientre
y con el me alimento, ese mismo hilo
al nacer se rompió pero el hilo de amor
que nos unió desde el universo manifestó.

Mamá fue la emisaria y su misión con éxito
cumplió porque fue escogida
como un puente entre el cielo y la tierra porque
gracias a ella, mi vida se manifestó.

Mamá tu amor por mí y mi amor por ti
siempre será infinito, porque el hilo que
nos unió eterno es.

Mamá, gracias por existir
y por dejar en este mundo huellas
imborrables, de amor.

Por aceptar hacer de tu vida,
vida y ser refugio eterno de un amor sin fin.

———————

~ **Reinicio** ~

Si lo que te propusiste
el año anterior no fue posible,
no importa, hoy hay un nuevo
reinicio para ti, para mí.

Hoy inician 365 días,
de nuevas oportunidades,
donde puedes obtener nuevos
sueños, propósitos, metas.

Si estás vivo, tú puedes.

Vístete de buena actitud,
de agradecimiento, de amor,
prudencia, empatía, etc.,
y sigue avanzando.

Cada paso que des por
muy pequeño que sea es
y será un logro.

Recuerda si hay dificultades,
solo mírales como oportunidades
de mejorar tu propia versión.

Da pasos de fe, cree en ti,
eres valioso, valiente y hoy por hoy
eres la muestra viviente
de que todo es posible.

Sigue avanzando y no te detengas,
porque la vida es tu mejor regalo.

———————

~ **Tus ojos** ~

Ojalá tus ojos nunca extrañen
los míos, como los míos,
extrañan los tuyos.
Ojalá un día se vuelvan
a encontrar y se vean,
sólo con amor.

Ese amor bonito, que un día
hizo que esos ojos brillaran
como un sol.
Ojalá tus ojos aún me recuerden
y quieran volver a verme, pues
en estos ojos míos tu reflejo
permanece.

No sé dónde te encuentres
pero espero estés bien,
en este corazón siempre
habrá un espacio para ti,
porque siempre le sumaste.

Lo nuestro no fue un simple
encuentro lo nuestro fue
conexión de Almas.

Eso lo supe cuando vi tus ojos
y ellos me mostraron que tú
tu alma era mi alma.

Alma mía dónde estés,
algún día esperó verte
otra vez.

———————

~ Besarás ~

Cada rayo de luz al amanecer,
cada noche que la luna brille...
Cada canción que escuches,
cada vez que bailes...
Mi recuerdo no podrás evitar.

Cada abrazo que des,
con intensión de amar...
cada camino que transites,
cada sonrisa que se dibuje en tu rostro...
Y cuando beses otros labios
los míos extrañaras...
Pero estos besos ya no encontrarás.

Besaras pero nunca olvidarás,
que yo, si yo te enseñe a besar...
Porque tus besos serán mis besos
eternamente en tus labios.

———

~ **Hope** ~

Quizá un día te olvides de mí
y dejes de mirarme, de leerme,
de escucharme.

Quizá un día ya no vuelvas
a encontrarme y sea yo
quien te deje en el olvido.

Quizá nunca fui nada para ti,
quizá fui la única parte que alimentó
un amor que nunca fue.

Viví con la estúpida esperanza
de encontrar un amor,
que solo en mis fantasías habitó.

Cada vez me pesa más
este sentimiento...
Porque amé y extrañé,
como nunca imaginé,
pero te olvido y mi silencio,
es testigo de un amor,
que nunca volverá.

Solo abrazo una leve sonrisa,
que un recuerdo dejó,
si preguntan diré con paz,
que nos soltamos, nos separamos
que quizá nos superamos,
porque el hilo rojo que nos unió,
no era de la misma calidad.

———————

~ Letras Y Tinta ~

Un alma me encontró,
sin querer queriendo,
me abrazo.

Somos almas en destino
y las letras nos unieron,
en el camino.

El de Europa,
yo en América,
el un poeta interesante,
yo un alma con corazón
de tinta inagotable.

El un soñador en soledad,
yo escribo poco a poco mi verdad,
almas que chocan por casualidad
y se entrelazan con humanidad.

Somos letras y tintas,
que escriben historias
a veces ficticias,
a veces memorias.

Poetas de la vida somos.

———————

~ **Marinero** ~

"Ven marinero de aguas profundas,
ven a mi puerto y descansa de la
turbulencia que te agobia.

Recuéstate sobre mi vientre y reposa en él,
como velero que llega a puerto seguro
recorre con tus manos el borde de esta
playa que es solo tuya.

Ven y piérdete en mis labios de miel,
bebe de ellos el elixir que te hace renacer,
inhala y exhala la vida que mi vida te da.

Recorre cada lunar como cuando cuentas
las estrellas en el mar de tus recuerdos
y haz de ellos tu sendero favorito.

Piérdete en mi mirada,
date ese permiso,
no opongas resistencia,
solo deja que mi boca
haga de ti magia que te
inunde de locura
como el baile de las olas
en alta mar.

Déjame ser tu refugio
cuando ya no puedas más,
tú también mereces descansar
marinero de mi mar".

———————

~ **Antojos** ~

Eres de esos gustitos
que se quieren probar,
en horas inadecuadas
en días inesperados,
en lugares no pensados.

Eres algo así como un postre,
como una fruta deliciosa,
que me quiero comer en este
preciso instante.

Te vi pasar y desataste
todos mis antojos.

———————

~ **Deseo** ~

La noche llega y con ella
la realidad de no tenerte
junto a mí.

Veo el cielo y le ruego
cuide de ti, pido que tus
dudas se despejen y que
todas tus decisiones sean
las correctas para que seas
muy feliz.

No sé si al final estaré en tu futuro,
si llegará a estar será grandioso,
si no sólo deseo que tu sonrisa
nunca se desvanezca.

Quiero que sonrías por los dos,
mi corazón siempre te acompañará.
mi vida era mía pero llegaste tú
y ahora también es tuya.

Tome una decisión y es que seré feliz,
nunca más te esperaré solo seguiré
viviendo sin expectativas del amor.

Deseo con toda mi alma que,
te amén bonito de nuevo,
que ames bonito de nuevo,
aunque como yo te amé,
nadie te amará.

Se muy feliz aunque,
no sea conmigo.

———————

~ **Abracémonos** ~

Abrazarte es la puerta
que me abre la felicidad,
no se necesita nada más
entre tú y yo.

Abrazarte me da seguridad
y la certeza de que un abrazo
entre ambos nos llena de paz.

Abrazarnos, abrazarnos de verdad,
abrazarnos con el corazón,
hace de este amor suficiente.

Si un día volvemos a encontrarnos,
abracémonos sin tiempo, abracémonos,
completos porque un abrazo nos da
un reset y configura de nuevo nuestro,
ser un abrazo nos restaura.

Un abrazo sana.

———————————

~ A Veces ~

A veces soy Sad,
otras soy Happy,
a veces soy Smile,
otras soy Tears.

A veces son Poem
otras tantas Movie,
otras veces soy Dance,
otras muchas soy Music.

A veces soy Voice,
Otras tantas soy Song,
a veces soy Love Letters,
otras veces un pequeño Verse.

A veces soy Storm,
otras no tantas Peace,
a veces soy Angry,
otras tantas Absolute Silence.

Pero algo está muy claro en mí,
my Essence siempre será The Love.

———————

~ **Condición** ~

Te has adueñado de mis
sueños y de mi insomnio.

Quisiera decirte que
te bajaré la luna,
pero no me gusta mentir.

Lo único que puedo darte
es lo más valioso que tengo
mi corazón.

Si tú quieres tomarlo
solo hazlo con una única condición.

Amalo cómo amas a
tú propio corazón.

Eso es, lo único que pido.

———————

~ **Recordándote** ~

La culpa ha sido solo mía,
por pensar que todos pueden
amar como lo hago yo.

Cada noche reviso mi estúpida
sección de mensajería con la
esperanza de encontrar un te extraño,
un te necesito, un te amo.

Cada noche me convenzo más,
que soy una total ilusa por creer
que me extrañarías como lo hago yo,
por creer que era alguien importante,
Como lo eres tú para mí.

Te pienso cada noche,
como si tú nunca te hubieras
olvidado de mí.

Y hoy estoy aquí recordándote,
como tonta bajo la luz de una
luna tímida porque hasta ella
entristece al verme pensar en ti.

———————

~ **Letras y Voz** ~

Llegue a ti sin saberlo, llegue a ti
en forma de letras y tu corazón se
convirtió en un destino frecuente donde
mis poemas aterrizaban y se transformaban en
magia en ti,
en magia conmigo.

Las letras comenzaron a hablar,
tu vos y mi vos por primera vez se
escucharon y empezaron a transformarse.

Tu voz se instaló en mi oído
y las madrugadas eran cómplices
tuyas y mi insomnio colaboraba
contigo.

Tus palabras y mis letras comenzaron
a bailar y el baile era perfecto,
mis letras se transformaron en palabras,
en canciones, en lugares, en noches, en días, en
lluvia, en sol, en viajes, en visitas y en despedidas.

Ahora la vidas nos alejó y si un día
quieres saber de mi alma, ven a leerme,
quizá entre verso y verso
nos volvamos a encontrar.

~ **Pecados** ~

A veces soy ángel,
otras un demonio,
a veces soy inocencia
otras tantas, picardía.

A veces soy una balada y
muchas veces rock'n roll,
a veces soy un tango o una salsa,
otras tantas un merengue o una
bachata sensual.

Puedo ser un huracán destructor,
o una lluvia intermitente y suave
puedo ser un dulce atardecer o
una noche romántica de luna
o puedo ser una mañana enérgica
y armónica.

Pero sin duda alguna,
entre todos mis pecados
existentes, tú eres mi favorito.

———————————

~ **Fluye** ~

La vida no espera a nadie
ella fluye como agua,
como río en busca de su mar
por eso no podemos estancarnos.

Fluyamos con la vida,
avancemos sin temor,
porque ella es más sabia,
que nosotros.

Un día me dijiste,
que todo tendría que
ser como al principio y
quizá tengas razón.

———————

~ Fallido ~

Mi boca disparó versos,
como queriendo que cada uno
de ellos fueran besos que llegarán
como balas y traspasan tu corazón.

Mis ojos lanzaban flechas,
llenas de amor con la esperanza,
que tu mirada atrapara alguna.

Pero al final el corazón desistió
y el amor se vio nuevamente,
vencido y en el olvidó.

Porque dicen por allí que,
un leño solo no arde.

Ahora el incendió que traigo
dentro se propagó con una
chispa que de ese leño solo
revivió.

Y acá estoy consumiendo el olvidó,
que un amor fallido dejó.

———————

~ **Ya no** ~

Tus ojos tenían magia,
tus labios pasión...
Juntos eran mi fuego favorito.

Pero tus ojos dejaron de verme...
Tus labios sin piedad me abandonaron...
Ahora ni una sola chispa se enciende,
porque mi corazón ya no te siente.

———————

~ **Semáforo** ~

Viajar contigo es una de
las cosas que más disfruto,
tenerte a mi lado y que me tomes
la mano es un toque de electricidad,
que al corazón hace vibrar.

Ir en carretera y ver cómo me miras
me hace sentir que soy realmente
importante para ti.

Besarnos es alterar todos nuestros
sentidos, nos da calor, nos da emoción
nos da un no sé qué, que no nos deja parar y
queremos seguir besándonos.

Los semáforos son testigos mudos
de nuestro amor, de nuestro vicio,
por comernos la boca y lo hacemos,
al ritmo entre el baile de la luz roja y la verde,
que nos paraliza.

Besarnos entre esas luces es un delirio,
contamos los segundos que duran para
que los vehículos que están apilados atrás,
no nos toquen el claxon.

Nos besamos con la adrenalina al mil
y es un placer sentirnos así tan cerquita,
el alma, el corazón y el cuerpo,
que solo nos piden un beso más.

Besos del semáforo del amor.

____

~ **Adicta Soy** ~

Adicta, me volví, adicta a ser yo,
adicta a la libertad, a la soledad,
a la paz que me genera el no dar
más explicaciones.

Adicta a mí locura, a mi sonrisa,
a mis días grises, a mis días soleados,
a llorar, a reír, a vivir.

Adicta totalmente, adicta a ser feliz,
con alguien, sin alguien o a pesar de alguien,
adicta a disfrutar mi tiempo en soledad o
acompañada.

Adicta a no mendigar cariño, ni atención,
adicta a amarme sin limitación,
adicta a aceptarme como soy,
así tormenta o brisa suave y sutil,
adicta a ser valiente y a modificar
mi destino.

Me volví adicta a ser más selectiva a no
regalar mi tiempo a quien no lo valore,
adicta a amar a quien me ame,
Adicta a sonreír y agradecer por todo.

Adicta a brillar, adicta a ser magia,
adicta a no rendirme, adicta a sentirme,

adicta a soñar, adicta a luchar,
adicta a cantar, adicta a bailar,
adicta a escribir, adicta a descubrir.

Adicta a respetar a los demás,
adicta a brindar una mano,
adicta a empatizar.

Adicta me volví, porque la vida me
moldeo y enseño,
a vivir y no solo a sobrevivir

Adicta soy y soy feliz.

———————————

~ Dímelo Tú ~

Abrí mis ojos y pensé en ti,
cerré mis ojos y soñé contigo.

Dímelo por favor,
que le hiciste a este corazón
que hoy te vive más que nunca,
te siente fuertemente y te ama
locamente.

Dímelo tú,
porque no lo entiendo yo.

———————————

~ **Eres todo** ~

Quisiera decirte tantas cosas,
pero solo esto te diré.

Eres la sonrisa que dibuja la mía,
eres la mirada, que seduce mi ser,
eres la caricia, que eriza mi piel,
eres el beso que enciende mis ganas.

eres el sol, que calienta mi piel,
eres el viento, que acaricia mi alma,
eres la luna que brillar en mi obscuridad,
eres la lluvia que moja mi eternidad.

Eres mi talla perfecta,
eres mi sueño deseado,
eres mi dulce alegría,
eres mi melancolía.
eres mi universo perfecto.

Eres todo para mí,
y me gustas.

———————

~ **Velero** ~

Soy un velero a la deriva,
perdido y abandonado
en el inmenso mar de
tú mirada.

Mi brújula se volvió loca
con el vaivén de tus caderas,
mi corazón naufragó al ritmo
de tu voz.

Mi piel se ahogó al compás de
tus suspiros,
y me entregue totalmente al
horizonte sin límite de navegación.

Mis velas se dejan llevar por
el sotavento de tus manos y
disfrutan el barlovento de tus
besos haciendo de este velero
el más feliz del océano.

al ritmo de tus corrientes cálidas y abundantes me
desplazó sin temor porque sé que en tu mar
es mejor morir que vivir sin vivir
en puerto seguro.

———————

~ **Polvos de Estrella** ~

Te diré que volverte a ver,
es una locura que no me
importa volverla a hacer.

Tu corazón me llama y
lo hace a gritos,
tu boca puede no pronunciar
palabras pero tu cuerpo no
puede ocultar lo que siente.

Tus miradas seductoras
y tu sonrisa nerviosa me
encantan.

Sentir como te pongo nervioso,
es algo que no puedo creer,
pero cuando veo tu mirada
mi corazón solo sabe quererte.

Volverte a ver es comenzar de nuevo,
es sentir esa sensación de que
a tu lado todo es posible.

Abrazarnos es sentir esa seguridad,
de que tu alma y mi alma
resuenan, vibran en la frecuencia
correcta.

Besarte es llevar
un pedacito de universo,
pegado a mis labios,
por la eternidad.

Estar juntos es tener la certeza
que esta vida nos dio la oportunidad,
de amarnos.

Tú mi amor, yo tu amor,
estemos aquí, en una galaxia lejana,
o nos convirtamos en sol o luna llena,
estamos y estaremos como polvos de estrellas
por siempre.

———————

~Soy Mía ~

Escuché por última vez,
aquella Play List de música,
que entre tú y yo habíamos
armado.

Contenía canciones que irremediablemente,
marcaban instantes puntuales de nuestra
relación.

Bueno fue una relación poco común,
un amor prohibido y yo no lo sabía.

Hice un aterrizaje forzoso a tu corazón,
porque me enviaste tantas señales que
me indicaban que tu corazón estaba,
disponible para mi o al menos eso entendí.

No pude equivocarme más tontamente,
quizá tu corazón si estaba disponible,
pero tu libertad era nula y eso él tiempo
lo demostró.

Me llenaste la cabeza y el corazón de
ilusiones que difícilmente pudiste cumplir,
pero no puedo quejarme, yo quería volar.

Viví un tiempo bajo un espejismo porque
la realidad, era innegable y hoy veo que

para mí, me es imposible seguir cubriendo
una deuda, que tú nunca podrás saldar.

Porque sabiamente alguien me dijo,
uno se queda con lo que le conviene,
no con lo que le gusta y así es, yo seguiré
mi camino porque se lo que me conviene,
aunque tú me gustes mucho, te quiera más
de lo que quiero y la conexión sea verdadera
e increíble.

Tú te quedaras con lo que te conviene,
ya me lo demostraste y por mi está bien,
solo no me extrañes, intenta olvidarme,
aunque me escape en una sonrisa casual
por la mañana o al tomar tu café me recuerdes
o suspires cuando escuches alguna canción
o veas la luna e incluso cuándo caiga la lluvia
y luego salga el sol, aún allí, no me pienses,
no me ames.

Aunque antes de ti,
el amor ya había estado aquí,
quiero contarte que,
No, no fui de él, no, no soy tuya,
soy solo mía y me amo más de
lo que pensé.

Aprendí contigo que merezco todo,
no solamente migajas, ni de amor,

ni de tiempo, ni de atención, ni de cariño,
porque soy magia y magia de esa,
que no es para cualquiera,
de esa que si te toca te transforma
y quizá nunca puedas olvidar.

Ahora solo me queda darte gracias,
por tu tiempo, por tu cariño, por lo
bonito que fuimos, el tiempo que duró,
te deseo seas muy, muy feliz,
porque yo seguiré siéndolo sin ti.

Gracias corazón de melón.

———————

~ **Play List** ~

Imposible de borrar cada melodía
que acompaña o acompaño,
cada gemido, cada suspiró que
como armoniosa melodía nos unió.

Vivir agonizando de deseo,
saborearte entre sudor y latidos
entre suspiros y gemidos de esos
imposibles de anular de la memoria.

Lo que vivimos fue un enredo tan divino
que si la muerte nos llevara en este instante,
nos marcharíamos con la satisfacción,
de haber vivido entre alma y tormenta,
entre cielo e infierno el placer,
de habernos sentido, más allá del olvido.

Tú y yo somos esa play list,
que nos hace amarnos
y acompañarnos aún a
distancia porque sin importar
donde nos lleve el destino,
el placer de habernos bebido,
cada latido, cada gemido, cada suspiró,
no nos lo quita nadie.

———————

~ **Bombón** ~

Como todas las noches estas allí,
aún con la diferencia de horario,
estas y eso es genial.

Tienes esa sonrisa que mata
mi tristeza, solo con escucharla,
ese acento que a veces se me pega,
y esa manera peculiar de escucharme.

Después de muchos meses y muchos
textos y audios en IG me convenciste
de darte mi whatssap, te morías de risa
porque siempre te daba una excusa distinta
y cuándo por fin hablamos me dices,
che, hagamos una video llamada.

Entonces fui yo, la que se murió de risa,
pero tengo que confesar que me mataba,
la curiosidad.

Cuándo te vi me invadió una paz
esa que me hizo entender que
me esperas, que me escuchas,
que me quieres, como te quiero yo.

Es un cariño que hemos sembrado,
por un largo tiempo y llena nuestro
corazón y alma.

Te has vuelto mi amigo confidente,
conoces mis noches de zombie,
como yo conozco las tuyas.

Después de escucharme y conocerme,
un día se quedó pensativo y me dijo,
valórate loca, eres un bombón.

Yo sonreí y le dije un bombón
claro me dijo, che, no te preocupes,
la dulzura que tiene tu alma,
no la tiene nadie.

Sonreímos de nuevo y aquí estamos
entre desvelo y madrugada.

———————————

~ **Te Espero** ~

Te espero,
con las alas desplegadas,
para ver si un día te animas
a volar conmigo.

Te espero,
con la maleta hecha,
dónde empaque solo
tus sueños y los míos.

Te espero,
con el corazón dispuesto,
a entregarse entero si un
día decides venir a mí.

Te espero,
solo no tardes porque
muero por vivir,
por vivir contigo cada aventura
que el resto de esta vida,
nos regale.

Te espero,
quizás un día la cárcel,
donde estas te libere el cuerpo,
porque tu alma, pensamiento y
corazón están acá conmigo.

Te espero,
aunque en esta vida,
no se nos dé.

Te espero,
porque nuestras almas,
se encontraron, se conectaron,
se reconocieron y simplemente,
se amaron.

Te espero.

———————

~ La vida nos separó ~

Me voy a vivir a la luna,
porque es allí, dónde tú,
mi pensamiento y corazón coinciden siempre.

La vida nos separó,
pero el destino siempre
nos encontró.

———————

~ **Besarnos** ~

Se me junto la suerte
y las ganas de verte,
se me junto deseo y
tu imagen apareció.

Te vi venir y el corazón
se alegró al tenerte cerca
solo besarte se me ocurrió,
y tu boca me correspondió.

Soy fan de tus besos,
porque cuando tú me
besas te adueñas de
todo en mí y yo me adueñó,
de ti.

Besarnos es darnos el amor
que tenemos en un arranque
de pasión y dulzura,
porque al besarnos la magia
se materializa.

Porque nuestros besos
son la llave que nos acelera
el alma, el corazón y hace
que nuestros cuerpos se
ponga en acción.

———

~ Ven ~

La respiración se agita,
el corazón se acelera al
escucharte,
la distancia es irrelevante
si tus ganas y mis ganas
se buscan.

Tú me das deseo, yo te doy pasión,
acércate y quémame
con tu lengua de fuego
 y tus labios de miel.

Extinguir estas pieles es la misión,
Poseernos es lo único
que anhelamos,
porque extinguir este fuego
necesitamos.

Cuando el infierno que
llevamos dentro es tan grande,
no hay demonios que osen
resistirse al delirio de amarse.

———————

~ **Beso Robado** ~

Tú habías llegado desde muy lejos,
con la única intención de conocernos,
yo con muchas dudas acepte la invitación,
que aquel noviembre me propusiste.

Te vi a través de windshield de mi auto
y el corazón se aceleró él te escogió,
mis ojos no podían creer que allí estabas tú,
entraste al auto y tu sonrisa quito toda duda
al instante.

Aquel día fue único e inolvidable
hasta el día de hoy atesoro tu imagen
en mi mente porque era mi primera vez,
aceptando conocer a alguien nuevamente.

Pasar ese día completo contigo,
fue magia pura, nos acoplamos
tan bien, la química, la compatibilidad,
la afinidad, la atracción, la conexión fue
Increíble.

después de vernos por primera vez y coincidir
en esta vida, conversar muy amenamente,
como si nos conociéramos de antes,
llegó la hora de la despedida.

Te juro esa tarde no quería dejarte marchar,
pero sabía que no podíamos continuar,
pues nuestras vidas nos esperaban,
subiste al auto y me encamine a dejarte a
tu transporte.

Entonces sucedió otro milagro,
porque así te vi el día que te conocí,
un milagro que vino a conquistar un
corazón que ya daba por perdido.

Llegue al lugar previsto y tu respiración
era agitada aunque tratabas de disimular,
me veías de reojo mientras nos despedimos,
decíamos que había sido muy gratificante
conocernos en eso estábamos cuándo al
darte el abrazo de despedida me robaste
aquel beso que hizo florecer entre los dos
esto bonito que somos.

Somos dos almas que al verse vibraron alto
porque estamos conectados por un destino,
que aún es incierto.

Pero ese beso robado es lo más bonito
que me ha pasado, gracias corazón
siempre serás mi corazón aunque la vida
nos niegue por hoy la cercanía.

———————

~ Es Mejor Así ~

Tu luz dejó de eclipsarme
y por mi parte está concluido
el amor que te di.

Ahora es mejor así y te dejo
en el olvidó, en libertad de que
ya no te acuerdes de mí.

Aprendí que a nadie se le debe
de enseñar a querer cuando ya
ha querido, a nadie se le mendiga
atención y cariño porque es faltarte
el respeto así mismo.

Cuando hay ganas e interés,
las escusas no existen,
los obstáculos se desvanecen,
los miedos son manejables
y el amor permanece.

Pero entendí aunque me duela,
que nunca fui tu historia de amor,
contra la verdad no puedo luchar
y hoy decido por mí, porque ya no
quiero sufrir por un amor.

Quizá para ti solo fue una oportunidad,
de escapar de una realidad que no sabes

como manejar, por eso prefiero dejarte,
despedirme y marcharme, porque aunque
no quería verlo tú ya estas lejos,
ahora decido por mi corazón y es mejor así.

———————

~ Tesoro ~

Vivir es respirar cada instante,
como si fuese el último para
memorizar.
Vivir cada momento y guardarlo
como una fotografía en el tiempo
sería increíble.

Vivir en el tiempo es haber
disfrutado todo lo que ha sido
de valor para ti.
Vivir y no sólo sobrevivir te da
el privilegio de sonreír sólo al
recordar por eso disfruta el hoy.

Vivencias hay muchas,
unas que se quisiera fueran eternas,
otras que se quisieran olvidar para siempre,
pero al final todas se quedan en la memoria,
del corazón.

Acumula todos los recuerdos
que puedas porque es lo único
que te llevarás.
Los recuerdos son el tesoro,
más valioso con el que podemos viajar.
Vive, sueña y disfruta porque,
recordar es volver a vivir.

———————

~ **No Sé Olvidar** ~

Llego como todos los días,
a casa después de una larga
jornada de diligencias, trabajo
y algo más.

Me quedo dentro del carro,
para soltar cualquier mala
energía que me acompañe.

Escucho música, me encanta,
recuesto el asiento y suspiró,
de repente suena nuestra canción,
bueno mi canción fue la que me quedó
después de tu partida.

Realmente te quedaste clavado
en mi pecho y vives allí como un
sacrificio vivo a este amor que
no caduco con tu despedida.

Simplemente no se olvidar, aún
pero llegará el día en que pensaré
en ti y ya no dolerás más.

Por qué no se olvidar,
pero si se superar.

———————————

~ Gracias Corazón ~

Después de esa última
Conversación contigo,
lloré mucho porque era
difícil aceptar que esto
tuviera un final.

Al transcurrir el tiempo vacíe
tu cajón, si ese cajón especial
que había instalado en la habitación
de mi corazón donde tú eras lo más
importante.

El tiempo no me curó, porque cada
instante que pasaba el dolor era fuerte,
pero aprendí que este dolor era alimentado
por mi propio amor ese que te di sin reparo.

De amarte nunca me arrepentiré,
porque a pesar de esta despedida
fuiste un momento lindo en mi vida.

Decirte adiós fue darle
gracias a la vida porque,
estuvieras en la mía.

La vida me enseño que cada
amor es un tesoro que debo
agradecer y tú siempre serás

eso bonito que dibujo el tiempo,
justo eso una sonrisa en mi alma.

Gracias amor, porque aunque
te convierto en mares en mis ojos
siempre serás el cielo donde brillar
fue amarnos.

Lo mejor de mí se fue contigo,
y lo mejor de ti se quedó pegadito
a mi corazón.

Gracias corazón por ser
lo bonito que fuimos,
el tiempo que la vida permitió.

———————

~ Fallidos ~

Dicen que un adiós es
un nuevo comienzo,
pues si es cierto un adiós
siempre es un hola disfrazado.

Créeme siempre creí en ti,
pero tú no creíste en ti y eso
terminó por anular el amor.

De miedos están hechos
muchos amores fallidos.

Tú por miedo seguirás
secuestrado en ese mal amor,
que te paraliza y no te deja ver
que eres increíble.

Yo seguiré libre como siempre,
como he decidido serlo,
por amores como tú aprendí
a ser valiente y ahora el miedo
en mí, solo es la corriente que
me hace seguir y vivir al mil.

Si un día me recuerdas ojalá
escuches en tu corazón,
que vivir, por vivir, no es vida,
que vivir es disfrutar y no sobrevivir.

Adiós corazón bonito.

____

~ Palabras ~

De lo profundo de mi alma,
salieron tres palabras que
decían lo mucho que te amaba,
pero simplemente las ignoraste.

Palabras que te dije en aquella
despedida pero que tú nunca escuchaste.

Te extrañaré corazón.

____

~ Avanzar ~

Por qué quedarnos estancados,
en un trabajo, en un lugar,
en un recuerdo, en una relación,
en un amor, en un sueño, dónde
no logramos ser felices.

Por qué no darnos la oportunidad
de tener nuevos sueños, nuevos retos, hacer
nuevos recuerdos, dejar llegar nuevos amores,
darnos la oportunidad de ser felices, pero felices
de verdad.

Por qué no soltamos el pasado ese que nos hace
daño y es un lastre a nuestra alma.

Avanzar es una decisión que solo
tú puedes tomar, una determinación que debes de
tomar en tu corazón.

Vamos ya no llores, ya no guardes resentimientos,
libérate y date la oportunidad
de hacer un reset en tu vida.

Tú puedes, tú lo lograrás.

———

~Vuelve A Empezar ~

Las remodelaciones
siempre nos embellecen,
suelta las dudas y vuelve
a empezar.

Hay personas que llegan
a mostrarnos, dónde nos
falta cambiar el color o
cambiar la decoración de
nuestro interior.

Aunque a veces sale cara la mejora,
siempre valdrá la pena porque seremos
lugares donde siempre desearan regresar.

Lo único que tendrán que entender,
que seremos lugares maravillosos,
dónde no cualquiera, podrá habitar.

Ahora está vida es un destino
con exclusividad ya no está para cualquiera.

Si llegas acá seguro es un
regalo que la vida misma nos
da de compartir porque te has
convertido en algo portentoso,
de habitar.

———————

~ **Sin Ti** ~

La vida como el amor,
es una ruleta rusa dónde
todos participamos con
querer o sin querer.

El amor es tan hermoso
que muchos a pesar del
dolor que nos causa a veces,
nos volvemos a arriesgar.

La vida es un eufemismo
que a veces nos distrae
de la verdad o del dolor.

Amar y ser amado es todo
lo que deseamos porque
no estamos hechos para
vivir solos, pero a veces la
señora soledad nos acecha.

Después de romperme el corazón,
tengo una galería donde guardo
algunos recuerdos que hoy me
han hecho más inteligente, más fuerte.

Sin ti, mi soledad y yo, nos volvemos
a encontrar, mi soledad me abraza y
me acompaña sin reproches y en silencio
tan solo su presencia me da consuelo y aunque a
veces me ve llorar por ti,
me recuerda que el amor siempre sana,
aunque deje cicatriz.

Mi soledad y yo nos volvemos
a acompañar, volvemos a bailar,
el baile del desamor y el dolor,
me susurra al oído y me recuerda,
que es solo una pieza musical,
que pronto acabará y el amor florecerá.

———————

~ **No Se Olvida** ~

Las huellas que el amor
deja en la vida no se olvidan.

Si tocaste la gloria con caricias
y alguna vez moriste de amor
en los brazos de alguien,
eso no se olvida.

Todo cambia pero hay besos
que jamás podrán igualarse,
porque subiste al cielo y lo
tocaste con ellos, eso jamás
se olvida.

Porque pretender olvidar
lo que te hizo feliz sería
como querer dejar de respirar,
la mala memoria no existe
si fue amor.

Simplemente los buenos amores
no se olvidan solo se superan y
de vez en cuando se escapa un
suspiró y se dibuja una sonrisa
al recordarlos.

———————

~ **Nada Que Decir** ~

Tomo una copa de vino tinto
y vuelvo a brindar por ti.

Me quedé sin nada que decir,
porque ya lo dije todo y de ti,
solo recibí palabras que se las
llevo el viento.

Hoy brindó por ti,
alzó mi última copa,
en honor a lo que fuimos
y nunca volverá a ser.

Hoy sonrió por ti deseándote
lo mejor, deseando que tus
latidos nunca extrañen los míos,
porque los míos hoy caducaron
por ti.

Hoy por fin mi alma, corazón
y mente se quedaron mudos,
sin nada que decir se despiden
en silencio, en paz absoluta pues
comprendieron que ellos ganaron
porque amaron con libertad y por
completo.

———————————

~ **Beso A Beso** ~

Mi mente se estremece
al pensarte porque vuelve
a imaginarte.

Mis labios están ansiosos
por besar los tuyos,
porque en estos labios
aún hay besos que llevan
tu nombre.

Esta boca guarda la magia,
esa que solo tú desatas,
cuándo al vernos es una
adicción irremediable no
besarnos.

Tus labios y los míos
fueron hechos para gastarse
beso a beso y eso es inaudible,
Inevitable e irrefutable.

———————

~ **Quiéreme** ~

Quiéreme y yo te querré
mientras se pueda,
el destino nos puso justo
dónde queremos estar.

Quiéreme, quiéreme, quiéreme,
con locura, con ternura, con pasión,
sin opción solo entrégate,
sin freno, sin miedo.

Quiéreme y te querré,
así sin limitaciones,
escribiendo esta historia
con besos que sean como balas de esas que
atraviesan, el corazón,
la mente y el deseo.

Quiéreme mientras se pueda,
porque el poder del amor no se
cuánto durará.

Quiéreme y yo te querré.

———————

~ **Papá** ~

Una de las primeras palabras
que aprendemos a pronunciar
en esta vida.

Una palabra con entonación fuerte,
una palabra que nos marca
Para siempre, papá.

Quizá no todos tuvimos
el tiempo que hubiésemos
querido a nuestro padre terrenal,
pero sin duda alguna, lo tuvimos
el tiempo que el universo quiso.

El amor de un padre es único
y necesario sin importar si es
biológico o por causa del destino.

Un padre es la fuerza que todo hijo
necesita para formar personalidad,
para sentirnos seguros, para sentirnos
amados.

Padres de corazón sensible,
aunque a veces los veas serios,
papás que abrazan y sanan el alma,
papás que lloran y guardan la calma.

Padres que enseñan, sin una palabra.
Papás que son el ejemplo de amor y fortaleza,
que enviaron del cielo a esta tierra.

Si tienes uno abrazarlo, amalo, respétalo,
si no lo tienes o nunca lo tuviste recuerda
que en el cielo existe una fuerza que nos
recuerda ese amor, cuidado y fortaleza.

Papá mi primer todo.

———————————

~ Brisa ~

Eres el suspiró
que en un respiro,
lleva tu nombre y
sigilosamente llega
hasta ti como brisa,
que te acaricia.

———————————

~ **Te Espero** ~

Me cuidas, te cuido
te llamo, me llamas,
te escribo, me escribes
me buscas, te busco.

Si el interés es mutuo
créeme esto durará,
si se descuida el fruto
que hasta hoy hemos
cultivado, morirá.

Te espero con la esperanza
de que si hay un mañana,
yo lo quiero contigo y así
acompañarnos para siempre.

No tardes porque el amor,
si no se alimenta se desvanece
de a poquito, hasta desaparecer.

———————

~ **Locura De Amor** ~

Eres la fragancia que
impregna cada poro de
mi memoria la que desata
mi sensibilidad de amar.

Recordarte es encender
la llama que recorre mis
venas y sentirte aún sin estar.

Eres el flujo de energía que
activa cada uno de mis sentidos
y falso sería decir que no me gusta
esta locura de amor que me provocas.

La distancia es el aliciente perfecto,
que motiva este deseo incontrolable,
de comernos tan solo, con vernos.

Mi alma transmuta al escuchar tu voz,
saberte bien le da alegría y es ineludible
no emocionarme contigo como tú lo haces
conmigo al escucharme, nos causamos
ese efecto porque la conexión existe.

Sin duda alguna
amarte es un placer,
que no quiero perder.

———————————

~ Tenerte ~

Eres como una luz
cuando llegas a mí
vida.

Con un suspiró
me das aliento y
te adueñas de mí
corazón.

No he podido descifrar
aún como lo haces.

En realidad no
me interesa saberlo,
mejor lo disfruto
y sigo agradeciendo
tenerte en mi vida.

———————

~ Huellas de Amor ~

Viviré cada segundo pegadito a ti,
aunque no esté a tu lado,
donde tú estés allí estaré y eso
siempre debes recordarlo.

Este amor permanecerá sin
importar el tiempo o la distancia,
porque tu voz habita en mi mente
alma y corazón, como nuestra canción.

Cartas llenas de ti y de mí,
te escribiré con el único fin
de dejar huellas de amor,
sobre este mundo para que
sepan que existimos y
permanecimos en amor,
aunque nunca más nos vimos.

———————

~ Acompáñame ~

No hay palabra que me lleve,
tan rápidamente hacia ti,
como que me digas ven conmigo.

Es una petición irresistible
a mi corazón porque cuándo
me pides que te acompañe,
es invitarme a estar junto a ti.

No hay lugar en este universo
que ame más que vivir en tu corazón,
tomar tus manos y verte a los ojos
y poder descubrir en ellos que
soy yo, a quien tú necesitas.

Acompáñame, te acompaño
aún en tu pensamiento y corazón,
te acompaño a través del roce del
viento que pasa y alborota tu cabello.

Te acompaño cuando ves la luna,
o en el horizonte divisas aquel volcán
que tenía fumarola cuándo yo estoy lejos,
entonces me dices tú volcán y yo te extrañamos.

Te acompaño en carretera o
cuando te sientas en aquel
árbol donde pasamos horas
conversando.

Te acompaño cuando la luz del dia ilumina tu
rostro y cuándo la noche te marca el descanso.

Te acompaño en tus sueños,
te acompaño al tomar tu café
de la mañana, te acompaño
a través de las canciones que
forman parte de esta historia y
entre canción y canción le doy
calor a tú corazón.

Te acompaño, me acompañas
a la distancia y a la infinita cercanía
que el amor nos da.

————————

~ **Arder** ~

Con una mirada,
electrizaste al corazón
y con un beso,
incendiaste la razón.

En fuego incontrolable
se convirtieron dos almas,
que no entendían que su misión,
era arder hasta el alba.

El tiempo se consumió con ellas,
como un suspiró que se escapó
en luna llena en luna de sangre,
de esas que los amantes esperan,
para prometerse un amor infinito,
como las estrellas.

———————

~ **Comerse** ~

Hacer el amor,
es la locura de querer comerse,
saciando el instinto básico del
deseo conscientemente,
gemir con ganas y entender que
cada latido y cada suspiró lleva
impregnado el sabor de los dos.

Hacer el amor es comernos,
como platos exclusivos y selectos,
de un restaurante al que hayamos ido.

Hacer el amor contigo,
es un acto sublime
lleno de magia,
porque más que entregarnos
el cuerpo, es entregarnos el alma.

———————

~ Éxtasis ~

El nivel de compenetración
que tú y yo tenemos es el exacto.

Al juntarnos nos falta tiempo
y nos sobran ganas,
nos convertimos en marea alta,
que solo quieren ser olas gigantes.

Vernos es desatar la guerra
entre el deseo, la pasión y la lujuria.

Te pones nervioso al verme,
lo sé porque muerdes tus labios,
de esa manera que hacen que
se humedezcan, los míos.

El tiempo es un enemigo a vencer
cuando estamos juntos y ese día,
el tiempo nos iba ganando.

Mi boca, te hizo el amor
y yo disfrutaba del éxtasis
de tú cuerpo,
era tan excitante, escucharte
que el tiempo desapareció
y se volvió eterno.

Entonces nuestra batalla
exquisita de hacer el amor,
se convertirlo en magia,
que hasta hoy nos hace vibrar,
en luz absoluta.

Éxtasis,
eso somos tú y yo.

―――――――

~ **Pieles** ~

Tu piel y mi piel, mueren de sed,
esperando que llegue un manantial
de besos que vuelvan a encenderla
de locura y a humedecerla sin censura.

Tu piel y mi piel, solo anhelan sentirse otra vez,
como aquella vez en la que se ahogó
en el deseo y la pasión que la consumió.

Tu piel y mi piel,
solo se necesitan
se extrañan y se solicitan.

Pieles deseosas de amar.

―――――――

~ Te Buscaré, Me Buscarás ~

Estamos en tiempos distintos,
pero la vida, el destino, la casualidad,
la causalidad o la suerte nos hizo conectar.

Fue tal el impacto de tu vida
en la mía y de la mía en la tuya,
que solo con escucharnos la voz,
nuestras almas encuentran
el sosiego que necesitan.

Te buscaré, me buscarás,
no importa como pero nos
encontraremos, estaremos juntos,
no lo sabemos, pero por hoy con
tenernos en el alma, nos da paz.

Este amor quizá lo vivamos diferente,
es tanto lo que sentimos que,
tan solo con pensarnos,
tu alma y mi alma florecen.

Quizá no logremos juntarnos,
pero saberte bien es lo único
que necesito hoy.

Te quiero, bien
me quieres, bien y
eso por hoy nos basta.

~ **Pretender Olvidar** ~

Si esa noche hubiese sido eterna,
hoy nos amaríamos con locura,
de esa que sólo tú y yo volvemos
magia.

La vida nos da instantes
y pretender olvidar sería
como morir lentamente,
mi corazón está contigo
y vive dando vueltas en
tu mente.

Quizá pronto nos regalen
una oportunidad y si no la prestan,
te aseguro que será un sueño,
hecho realidad.

Mientras te contaré un secreto,
de todos los besos que nos dimos,
los últimos me supieron a
dulce de leche.

Aún guardo el sabor en
mis labios esperando a
que los tuyos también,
puedan probarlos.

————————

~ **Negar, No Puedo** ~

Negar que te amé,
sería como querer vivir
sin respirar.

Negar que no quería, amarte,
sería como negar que hoy
no me dueles en el alma.

Negar que sabía que esto pasaría,
sería como negarme a mi misma.

Sabía que él choque era inminente,
aceleré sin miedo y hoy,
las heridas sangran.

La culpa fue toda mía,
porque creí en la ilusión que
me vendías, sabiendo que a mí,
tú quizá no me querías.

La diferencia entre tú y yo,
es que yo sí se amar con valentía,
y tú, solo sabes amar por conveniencia.

Experiencia me dejaste
y eso se agradece,
recuperarme de ti,
tomará su tiempo pero al final,

nada es para siempre,
este dolor pasará.

el alma no se equivoca
y elegirte fue un privilegio,
que ella te dio.

Negar, no puedo,
solo se amar y sobretodo,
me se amar.

———————

~ **Cosas De La Vida** ~

Despedirme fue mi elección
y aunque duela deseo que
seas feliz.

Nuevas páginas escribiré
en honor a un amor que
existió y no pudo ser.

Sabiendo que el amor
es el aliciente para seguir
presente en este mundo,
dónde el corazón no tiene
freno sólo acelerador.

Volverá a equivocarse tal vez,
pero vivir el amor es algo inevitable,
para la próxima intentaré
llevar bolsas de aire.

———————

~ **En Esta No** ~

Te pienso, me piensas,
me quieres, te quiero,
el corazón no asimila que tú
no tienes la libertad que
este amor necesita
para amarnos,
sin fronteras.

Ahora sé que extrañar,
es el precio del amor
que no coincide en tiempo
y espacio.

Quizá en otra vida será,
en esta no.

———————

~ Yo Te, Todo, Todo ~

Yo te, río desde lejos,
Yo te, besos desde el alma,
Yo te, insomnio por las noches,
Yo te, planes a futuro,
Yo te, sueños todo el día.

Yo te, corazón te extraña,
Yo te, tráfico de mi día,
Yo te, conversaciones por la noche,
Yo te, observando luna y volcanes,
Yo te, veo en todas partes.

Yo te, escucho en las canciones,
Yo te, bailes en el cuarto,
Yo te, disfruto con despierta,
Yo te, paisajes a la costa,
Yo te, viaje en carretera.

Yo te, noches en el auto,
Yo te, besos en semáforo,
Yo te, comida diferente,
Yo te, abrazos que nos sanan,
Yo te, conocerte por destino.

Yo te, poesía de mi vida,
Yo te, suspiros que se escapan,
Yo te, pensamientos permanentes,
Yo te, risas al mirarte,
Yo te, vivirte día a día.

Yo te, todo, todo, todo,
Yo te, para siempre,
aunque no sea hoy.

———————

~ **Tarde** ~

Amor, amor, eso es lo que
siento por ti, amor puro.

Quizá en otra vida nos
volvamos a reconocer
porque en esta llegamos
tarde a encontrarnos,
llegamos a destiempo.

Mientras tanto yo,
trataré de olvidarte sin
pensar que me extrañas,
sin pensar que te extraño,
sin pensar que este corazón,
solo te escogió y de ti,
se enamoró.

———————

~ **Un Poquito Más** ~

Te vi y todo se apagó de pronto,
tú me tomaste la mano y dijiste:
"Encendemos la luz",

Yo sonreí y respondí:
"Déjalo así,
que lo más lindo de este mundo
suele disfrutarse con los ojos cerrados
y para besarte no necesito luz"

Porque en la oscuridad puedo imaginar
cada fisura de tus labios y grabar con
certeza mayor, cada rasgo de tu rostro.

En la oscuridad se proyecta tu luz,
esa que ilumina mi vida
y hace de mi alma,
la hoguera perfecta para amarte
eternamente.

En oscuridad relativa
que se complementa
perfectamente
con tu silueta a media luz.

De pie,
al desnudo
bajo el marco de la puerta,
vos me sonreís
y yo te abrazo sin tocar.

Es que vos
ahí de pie
sos todo lo que quiero
y un poquito más.

Y no estas
ni remotamente al tanto
de lo que en mí despertás:
una pasión sin fin
para amarte una vez más.

———————

~ **Penumbra** ~

Aunque a veces detrás
de mis pasos rizados,
la luz no siempre es clara,
ella de vez en cuándo
se deja ver entre leves rayos
que traspasan la mirada
de mi loco amanecer y me
recuerdan que la luz
siempre está,
aunque yo viva,
en penumbra.

———————

~ **El Día Que Me Extrañes** ~

Estas tan seguro de tenerme,
que olvidas que puedes perderme.

Y no lo digo por orgullo,
lo digo porque olvidas que
el amor también se alimenta.

El amor se siembra y por
naturaleza germina,
pero esa plantita necesita,
tiempo, cuidado y riego.

No olvides eso por favor o
quizá mañana sea el día,
que me extrañes,
me buscarás y talvez ya no
me encontrarás.

Y no por falta de amor
si no por sobra de olvido.

———————

~ **Ritmo del Corazón** ~

Tu boca en la mía
es poesía vibrando,
al ritmo del corazón.

Ni un solo beso está
fuera de ritmo,
cada uno sintoniza
perfectamente en nuestros
labios que solo saben comerse.

———————

~ **Existencia** ~

La distancia que nos separa,
me a enseñando a amar
de una manera diferente,
casi mágica.

Tenerte a distancia me ha mostrado
el lado que muchos se pierden,
por ejemplo a amar tu risa sin verla,
esa que sueltas cuándo te digo que
te quiero.

La distancia me ha enseñado a conocer
tu ánimo sin verte y a entender cada
suspiró que al decirme que me quieres,
se escapa de tu pecho.

La distancia me enseño que el amor
no conoce la diferencia de espacio,
si dos corazones realmente se sienten.

Tenernos a distancia nos ha enseñado
a amarnos la existencia,
esa que nuestras almas ya conocían.

La distancia es la prueba
más valiente que dos almas
aceptan solo por amor.

———————

~ Ojalá Nos Alcance ~

Los finales no siempre
tienen que ser sinónimo
de conclusión sin esperanza.

El término de algo,
solo es el desenlace de algo
que en su momento no era
de bien.

Finalizar siempre nos da la
oportunidad de volver a comenzar.

Cada día nos despedimos un
poquito de esta vida,
por lo tanto si decimos adiós
digámoslo con paz.

Ojalá nos volvamos a encontrar
y cuando lo hagamos estemos,
menos rotos, más dispuestos,
más sanos, más libres,
más preparados para amar
y ser amados.

———————

~ Amarte, besarte ~

Te quiero conmigo,
te quiero para caminar de la mano,
te quiero para conversar,
te quiero para sonreír,
te quiero para soñar.

Te quiero para vivir,
te quiero para suspirar,
te quiero para inspirar,
te quiero para bailar.

Te quiero para llorar,
te quiero para abrazar,
te quiero para tomar una cerveza,
te quiero para consolarte,
te quiero para amarte,
te quiero para besarte.

Déjame amarte con arte,
volverte poesía, volverte
una historia de amor de esas
que al envejecer podamos
contar con alegría.

Déjame ser tu compañía
aunque con el tiempo la muerte
nos separe quizá yo no estaré
pero en el corazón siempre viviré.

Víveme sin miedo ahora,
víveme con ganas,
Víveme como si mañana,
se terminará el mundo,
víveme desde lo más profundo
de tu alma.

Que yo te vivo sin reserva y sin calma,
porque vivirte es llenar de luz tu alma,
si tu alma brilla la mía siempre le hará
compañía.

Vivamos de versos que se hagan
hogueras de esas que permanecen,
brillando en el firmamento,
si un día ya no nos vemos
seremos ese verso que decía
aquí decidí amarte, versarte,
para ser feliz por el tiempo
que me prestó la vida y el firmamento.

———————————

~ Quizá Fui Yo ~

Tengo unas ganas
locas de escribirte,
pero sé que lo mejor
es no hacerlo.

Estas malditas ganas
de saber de ti,
me ahogan el corazón.

Saber si estás bien,
saber si me recuerdas,
saber si aún mi amor
puede arropaste,
saber si aún puedes
amarme.
.

No sé qué sucedió,
fue un tiempo especial,
fue algo irreal que solo
provocó, un loco deseo,
que consume.

Deseo que te ata Y desata,
deseo de besar, tus labios
deseo de sentir, tus brazos
deseo de estar, contigo.
deseo de ser tu abrigo.

¿Pero es un espejismo?
no lo sé, será una simple ilusión
que segó y venció al corazón.

Tal vez fui yo la que al final
confundió, deseo con deseo,
soledad con compañía,
amistad con amor.

Quizá fui yo.

———————

~ **Llamada** ~

Por un momento
necesite escuchar,
tu voz.

Solo un momento, hubiese sido suficiente
para consolar al corazón.

Guardó la esperanza, pensando que hoy
sería el día que su móvil sonaría y volvería
a escucharle, en esa llamada que siempre
llegaba, pero no fue así.

Su corazón como siempre en esta fecha
esta con sentimientos encontrados,
pero de esa voz siempre surgían las palabras que le
calmaban pero se desvanecieron con
el tiempo.

Para sentirse con un poco de paz,
escucho los audios que aún guardaba
y no entendía, donde quedó esa grata compañía.

Le recordó al corazón que en la vida,
no siempre se tiene lo que se quiere
o a veces lo que uno quiere, no lo quiere
a uno.

Cerró sus ojos al caer la noche,
luego le dijo al cielo, guárdale donde
quiera que esté y hazle sentir mi amor.

Llénale de paz, amor, salud y si algún día recuerda
esto que un día nos unió,
que lo haga con alegría y que olvide los errores.

Que el amor le cubra siempre
y si me recuerda que lo haga bonito.

Eso fue todo lo que al universo suplico.

———————

~ **Tu Recuerdo** ~

Poco a poco tus ojos
se fueron apagando,
como estrellas en extinción.

Tu corazón pauso su canto,
como anunciando su expiración.

La impotencia era grande,
Porque No quería decirte adiós,
Pero entre murmullos, llantos
y coraje entendí tu decisión.

La vida es un regalo que también
tiene su tiempo de cesación
y cuando decide marcharse
no pregunta, ni da explicación.

Ahora Sólo queda tu recuerdo
y lo atesoro con amor,
te recuerdo alegre, viva como
La luz del sol.

Agradezco a la vida por haberme
dado a una reina por bendición,
Mami tú eres la diva que vivirá
por siempre, en este corazón.

———————

~ **Luna** ~

Le platicare a la luna
todo lo que quiero contarte,
le diré lo mucho que me dolió
dejarte, que decidí perderte,
pero que nunca voy a olvidarte.

Luna tú la que a los enamorados
y abandonados como yo consuelas,
abrázame muy fuerte porque mi corazón
se quiebra.

Acompáñame en esta pena que
a mi alma consume y quema.
Algún día si no muero pronto,
vuelve a llenarme de un amor bonito,
que me restaure la sonrisa y las ganas
de vivir, porque esta noche en tus brazos,
me quiero morir.

Luna recibe mi llanto y dame consuelo
y a él abrázale en mi nombre y dile que
mi alma siempre lo acompañará y quizá
en otra vida lo nuestro, se quede nuestro.

Para este momento solo regálame,
un suspiró que me robe el dolor,
que me mata lento.

____

~ Heart ~

Un corazón como esté no puede,
le es imposible condicionar lo que dará.

Un corazón como esté puede estar escondido
dentro de una coraza de piedra pero si sabes
enamorarlo será lo más dulce y hermoso que
podrás tener en la vida.

Un corazón como esté no sabe amar en
cuotas chiquitas el ama y lo hace a pagos
absolutos no le gusta dejar para mañana lo
que puede dar hoy.

Un corazón como este te podrá
mostrar la gloria en plenitud
y te hará sentir los más exquisitos,
placeres del amor.

Un corazón como esté puede subir al cielo
y puede hundirse en el más obscuro abismo.

Un corazón como esté solo pide,
que le den lo mismo que el da.

Porque el corazón que se entrega
sin restricción, siempre ama,

sufre, o es feliz con la misma
intensidad de los peores
y más hermosos desastres.

Si encuentras un corazón como este,
procura estar seguro que de verdad
lo amarás, porque si solo lo utilizas,
te aseguro que un corazón como este,
sufrirá como un condenado a muerte.

Un corazón como esté pagará,
la condena, corazón roto será
luego de un tiempo los pedazo juntará,
renacerá y volverá a amar con la misma
intensidad, no se negará pero volverlo
a intentar un tiempo le costará.

Recuerda que un corazón como este
es un tesoro escondido en el universo
quien logre encontrar y enamorar uno,
quizá una fortuna o una maldición,
le acompañe, porque dañar un corazón
como esté será crueldad y el universo,
todo lo devuelve.

———————

~ Gracias ~

Después de esa última
conversación contigo,
lloré mucho porque era
difícil aceptar que esto
tuviera un final.

Al transcurrir el tiempo vacíe
tu cajón si ese cajón especial
que había instalado en la habitación
de mi corazón donde tú eras lo más
Importante.

El tiempo no me curó tan fácil, porque cada
instante que pasaba el dolor era fuerte,
pero aprendí que este dolor era alimentado
por mi propio amor ese que te di sin reparo.

De amarte nunca me arrepentiré,
porque a pesar de esta despedida
fuiste un momento lindo en mi vida.

Decirte adiós fue darle
gracias a la vida porque,
estuvieras en la mía.

La vida me enseño que cada
amor es un tesoro que debo
agradecer y tú siempre serás
eso bonito que dibujo el tiempo
justo una sonrisa en mi alma.

Gracias amor, porque aunque
te convierto en mares en mis ojos
siempre serás el cielo donde brillar
fue amarnos.

Lo mejor de mí se fue contigo,
y lo mejor de ti se quedó pegadito
a mi corazón.

———————

~ Nostalgia ~

En la lejanía del tiempo,
tus miradas me acompañan,
acompasan a mi vida como
una canción del recuerdo.

Tu sonrisa se difumina en la mía
cuando me veo al espejo,
tus ojos los veo en el iris de los míos
y me pregunto qué pasaría si
conmigo aún estuvieras.

Extraño tus abrazos y tus besos
extraño tu manera de vivir,
tu forma de sentir.

Dentro de mi pecho unas palabras,
resuenan como marcha de guerra
y me repiten alto.

Abrázame muy fuerte entre
los recuerdos que me encuentres,
porque si no lo haces el olvido
me llevara y entonces moriré para
siempre.

Me acerco rápidamente a tu fotografía
esa dónde de niña me tienes en tus brazos
y mi memoria me ata a tu recuerdo,
la nostalgia se aleja un momento,
luego tu amor se manifiesta
como primavera en este frío invierno.

———————

~ **Ausencia** ~

Mientras tus palabras sembraban
obscuridad en mi alma,
él la hacía brillar con una sonrisa.

Mientras olvidabas que yo existía,
él me hacia la luz de sus días.

Mientras te ocupabas en tu vida
y olvidabas la mía,
él me hizo un cielo y lo pinto de estrellas.

Mientras tus labios olvidaban
los míos porque los dejabas
morir de tu ausencia,
él los inundó de manantiales
que sabían a gloria.

Mientras perdiste el norte de mi cuerpo,
él viajo al sur y lo lleno de deleite.

Él recuperó la magia que
tú diste por perdida.

———————————

~ Camino ~

Caminemos este camino
que la vida nos marcó,
caminemos con la certeza
que el amor nos encontró.

El hilo rojo no se rompió
y poco a poco nuestra
distancia acortó.

En alguna de nuestras vidas
prometimos volver y sería
solo para volvernos a ver.

Ahora que nos hemos encontrado,
tomémonos de las manos y no nos
volvamos a soltar.

Este amor ha sobrevivido a muchos
amores fallidos pero eran necesarios,
para alimentar este amor que nos une.

Sueños, amor, voluntad
y vida es lo único que el amor necesita,
y nuestras almas lo sabían.

Ahora estas almas bailan al compás
del corazón y esa es su mejor inspiración.

———————

~ **Anhelo** ~

Mis noches y mis días,
son más luminosos
gracias a ti.

Tus mensajes,
tu tiempo,
tus canciones,
tus audios,
cada detalle llenan
este corazón.

Que solo sueña con verte
y alegrar con este amor
tu corazón.

Quizá sea solo un sueño,
que algún día puedan volverse,
una banda sonora donde estas
almas anhelan amarse,
en todo tiempo y volverse una
canción latiendo a un mismo Son.

———————

~ **Lujo** ~

Algún día me leerás,
cuándo lo hagas una leve
sonrisa se dibujara en tu rostro.

Sé que lo harás,
podrás fingir olvidarme
y por mí está bien porque
el final de la historia en una
pluma se guardará.

Pero que lujo que un poeta se enamoré de ti,
te amará con letras, te olvidará con letras,
te recordará con versos y entre líneas
te agradecerá, esos mismos versos,
en el universo resonaran por la eternidad.

Algún día tu alma los escuchará,
ojalá no sea demasiado tarde,
para que te des cuenta que como
este poeta loco, nadie te amo
y nadie te amará.

———————

~ Solo Tú ~

Cuándo te vi tu luz
me lleno la vida,
tu corazón trastoco
mi corazón.

Un hola fue la llave
que utilizaste y tu voz
me encantó.

Tu conversación,
tu manera de tratarme,
tus atenciones, tu timidez
disimulada me conquistó.

Hubo algo que no pude evitar
y fue ver como nuestras miradas
decían mucho más que nuestras
palabras.

Ellas decían todo implícitamente
y nos entendíamos perfectamente,
desde ese instante entendí,
que ya estaba perdida y que era
tiempo de darle una oportunidad,
a este amor que hoy nos acompaña.

Y así poco a poquito todo se
transformó de tal manera que
me encanta que tu sonrisa,
combine con la mía,
que tus labios sean perfectos
para los míos y que tu alma sea
mi alma.

Solo tú.

———————

~ **Besos Ajenos** ~

Ilusión pasajera,
emoción del corazón,
imaginación de un momento,
dónde se manifestó la intención.

Tu boca me invita a besarla,
mis labios no comprenden la situación.
Las miradas nos acarician
la distancia y los besos vuelan,
de corazón a corazón.

Tus labios y los míos solo
anhelan un beso darse y con
ese sello saber si por fin,
el amor los dejará juntarse.

Labios traviesos los míos,
que solo sueñan con besarte,
labios traviesos los tuyos que
aun teniendo otros labios se
animan a provocarme.

Besos ajenos los tuyos,
besos que si te atreves a
dejar y venir aquí,
estos labios míos
no te dejaran ni respirar.

———————————

~ **Distancia** ~

Una noche más para
soñar contigo.

Esa es la única razón que tengo
para estos ojos cerrar,
pues mis sueños están llenos de ti.

Si permanezco sin dormir,
siento que este amor es un castigo,
porque tu ausencia se hace evidente.

Vives presente en mi mente y ni un
instante te apartas de este corazón,
solo junto a ti quiero permanecer y amarte
sin limitación es mi única explicación y la única
condición.

Ahora estas lejos y difícil es tenerte conmigo,
 pero cuándo la distancia ya no sea un limitante
te abrazare fuertemente
 y de mi lado jamás querrás apartarte.

Por el momento soñar contigo
es lo único que tengo para darle
calma a esta alma que solo sabe
extrañarte.

———————

~ **Misterio** ~

Le vi y les juró que me
perdí de inmediato.

ella simplemente
cautivadora.

Una mirada y me robo,
el corazón, los suspiros,
el aliento, la fuerza,
los sueños, el tiempo,
los pensamientos,
todo se lo llevó con ella.

Sus ojos envuelven
un misterio que no
pude resolver.

Mi corazón acelera su palpitar
al recordarla y cada latido es
un grito que le dice vuelve,
porque sin ti siento desfallecer.

Él.

———————

~ **Siente** ~

Siente,
intensamente cada emoción
que esta vida te permite experimentar,
recuerda que somos pedacitos
de momentos y cada uno nos hace el
rompecabezas más hermoso
que existe.

Siente,
cada sensación que alimente
tu cuerpo y cada emoción que
acelere tu corazón.

Siente,
de tal manera que todos los miedos,
le tengan miedo a tu sonrisa.

Siente,
en total libertad,
eso siempre te hará vivir
en plenitud,
mostrará de ti, esa luz infinita
que ilumina tu alma y te ha acompañado por
siempre.

Siente, vive, ama.

____

~ **Te amo** ~

Así con tus cicatrices,
con tu ceño fruncido,
con tu locura, con tu soltura,
así te amo.

Ya lo sé,
este corazón opuso resistencia
y tú más que nadie lo resintió,
pero también ahora disfruta de
todo lo que tiene para darte.

Este corazón palpita de locura
por este amor que tú lograste
despertar en este palpitar,
que ahora sólo lleva tu nombre.

Te amo,
es la palabra más sublime,
que estos labios puedan pronunciar,
porque esta alma pensó que
nunca más volvería a sentir,
pero tú con tu magia,
le hiciste resurgir.

Todo cambio por ti,
ahora el cielo y su inmensidad
habitan junto con tu sonrisa,
en este corazón que sólo sabe

amarte y te lleva impregnado
en todo su ser.

Te amo,
porque más allá del tiempo
muere lentamente en tu mirada, que es la puerta a
la felicidad
que lleva por dentro y que contigo quiere disfrutar
junto a ti sin tiempo para ajustar.

Te amo.

———————

~ Llegaste ~

Eras una estrella
desde que surgiste
en este universo.

Un cigarro acompaño
tu nacimiento y eras luz
para tu hogar.

La luz de tu vida creció
y sin saberlo tú a muchas
vidas encendiste con la tuya.

Muy joven tú y muy joven yo,
un día te vi jugando allá
en zona 5 de Guatemala,
sin saber que tu brillo era,
llenarme la vida de música.

Te he visto brillar en vivo y en
streaming y sin duda alguna
mi corazón sigue latiendo al
mil al escuchar tu voz.

Llegaste como un milagro
e hiciste magia en mi vida
y en un mundo que hoy cree
morir por una pandemia,
pero tu luz brilla y nos inyecta

ánimo y buena energía,
cuándo está realidad nos golpea,
pero llega tu magia y todo cambia.

Gracias por existir.

———————————

~ **Huella** ~

Nada ha sido más cruel,
que tu despedida,
decirte adiós es una herida
que aún sangra en nuestra
historia.

Verte partir fue un regalo
que solo del cielo me fue
otorgado quizá no lo merecía
pero así lo quiso el destino.

Abrazarte en ese último suspiró
fue soltar mi alma de la tuya,
sin saberlo tú,
mi alma ya estaba empacada
en tu maleta de viaje y aún así
te despedí sabiendo que una
parte de mi se iría contigo.

Nunca olvidaré tu amor,
aunque olvide tu voz,
nunca olvidaré tu mirada,
aunque mi memoria olvidé
tus ojos.

Tus manos,
siempre fueron mi oasis,
tus brazos,

mi refugio seguro,
tu corazón el único rincón
dónde un día me sentí tan
amada y tan especial porque
tú, tú, me amabas.

Veo transcurrir el tiempo
y tu rostro se desvanece
ahora tengo que mirar más
frecuentemente tu fotografía
para no olvidarte.

Recuerdo claramente,
tus gestos, tus palabras
y manías, tus bromas,
tu música todo eso me
persigue al recordarte.

Dejaste una huella imborrable
y ese fue tu mayor regalo de vida,
tú mayor legado para esta alma
que a veces se siente perdida.

Gracias mamá.

———————

~ **Ama** ~

Ama las veces que sea necesario,
solo no permitas que el amor
pase de largo por tu vida.

No permitas que el pasado
irrumpa en tu presente y
mucho menos en tu futuro.

Puede que pienses que el amor,
no está hecho para ti,
tengo que decirte que el amor
está hecho para todos.

El amor es como la muerte,
llega en el momento menos esperado,
se instala y no pide
ningún permiso, no discrimina
a nadie y nos da paz.

No pongas resistencia a lo inevitable,
porque el amor siempre llega
y lo hace en el momento que
se necesita no llega ni antes ni después.

Ama y déjate amar,
que quien nunca ha amado
créeme no ha vivido.

———————

~ **Pedacitos** ~

Somos pedacitos de momentos
flotando por este mundo,
viajando por este universo,
viviendo en este tiempo.

Quizá sólo somos un poema
sin editar uno que queremos
guardar porque a pesar de ser
un verso sin rima allí se esconde
un amor que hace que un corazón
solo espere bajo un cielo estrellado
que existe en la galaxia de una mirada.

O seamos las gotas de rocío
que a través del tiempo se volvió
un océano donde las lagrimas
inconclusas hicieron playas enteras
donde los enamorados se profesan
un amor que sólo la luna atestigua
si será un instante o una perennidad.

Amor solo el permanece infinito.

~ **Fuego infinito** ~

Esa mirada tuya es un canto
al corazón, es la melodía perfecta
que me envuelve de deseo
desenfrenado.

Esa boca tuya hace de mi boca
una hoguera inagotable,
esa que se convierte en el incendio
que solo tú y yo sabemos manejar.

Entre nosotros la distancia no existe,
porque nuestro deseo es demasiado,
como para ponerle límite.

Juntos somos el infierno
donde arder perpetuamente,
es un deleite que no queremos
terminar.

Tú y yo fuego infinito.

———————

~ **No Sé** ~

No sé qué clase de música
trae por dentro,
solo sé que cuando abre
sus labios dibuja una sonrisa,
en los míos.

No sé si es infierno o paraíso,
solo sé que a donde quiera que
va mi corazón le acompaña.

No sé si es veneno o cura,
solo sé que si tengo que morir,
quiero que sea en sus brazos.

Si en sus brazos y viéndome
en sus ojos para saber que tengo
alas para volar y un cielo dónde habitar.

———————

~ **Contó sí** ~

Llegaste y con tus besos
dominaste mi corazón,
mi alma brilla intensamente
y tú eres la razón.

Contigo sí, contigo,
encontré lo que buscaba,
lo que mi alma anhelaba,
un amor bonito, un amor sincero,
un amor especial, un amor del bueno.

Eres un cielo amplio dónde
mis alas vuelven a volar,
un cielo que me abraza y
me ama sin preguntar.

Contigo viajo a dónde sea
si a mi lado tu estas,
Contigo me siento invencible,
contigo ahora vuelvo a soñar.

Juntos nos volvemos eternos
en un suspiró, en una mirada
en una sonrisa cada mañana.

Abrazarnos es llenarnos la vida
de felicidad y de creer que
nuestro amor puede durar una,
eternidad.

Contigo sí, contigo
lo vuelvo a intentar.

———————

~ **Poesía** ~

Poesía una de las formas
más preciadas de decir
lo que la mente y corazón
sienten.

Poesía compañera infaltable
cuándo un corazón desea expresar
con palabras su sentir.

Musa de muchos amores,
de muchos temores, de rabia,
enojo, soledad, frustración,
pero siempre lo expresa con
elegancia y pasión.

Poesía que sería de mi si tú con
tus encantos no me hubieses rescatado,
de aquel rincón donde un día el dolor me
sumió en el olvidó.

Poesía mi amiga, confidente,
compañera elocuente que
sin importarle como me encuentre
siempre me llena de paz y consuelo,
aunque a veces mi corazón ya no
lo desee y no lo intente.

Tú mi fiel compañía que entre letras
verso, estrofa, párrafo o métrica,
haces de un sentimiento ese poema
que alguien en este mundo necesita
y en ti encuentra como yo,
alas para volar con libertad.

Poesía tú, mi mayor alegría
y mi mejor compañía si el desamor
llega a tocarme o el amor vuelve a
llenarme.

A ti poesía gracias por encontrarme.

———

~ **Encanto** ~

Tus ojos fueron
mi despertar.

Nunca nadie tuvo
ese encanto sobre
mi mirar.

Este corazón.
honestamente no
sabe ignorar,
esta agitación que
le causa tu presencia.

No sé qué hiciste
pero cautivaste
mi atención,
con una mirada me
robaste la respiración.

Nunca te lo diré directamente pero por esas
miradas,
me volví poeta.

Por Esas miradas,
tú habitas en este corazón
y ni renta pagas.

Miradas que me cambian
el día, la vida, el ánimo y hasta
el alma mía.

Tu mirada, tu sonrisa
todo tú eres la perdición,
de este corazón.

———————

~ **Besos Tuyos** ~

Veo tus fotos y me encanta,
si me encanta, contemplar esos labios,
que nunca quiero dejar de besar.

Ese sabor único de tus besos
ese que me enciende cada poro de la piel,
que me llenan de calor el cuerpo
 y me aceleran
el corazón llenándome de pasión.

Besos tuyos, magia intensa
magia pura, que provocan
dentro de mi sensaciones,
exquisitas, sin explicación.

Besos que me hacen perder
el rumbo y me encuentran contigo,
arropándome dulcemente en tus brazos.

Tus labios, tus besos son
el motor que hacen de mí,
un caudal de emoción,

Mi cuerpo entero tiembla
de emoción solo al imaginar
tus labios en los míos.

Si hoy viniera un genio
y me concediera tres deseos,
tres besos tuyos le pidiera.

Tres besos que nunca terminarán,
para besarte y tenerte conmigo
eternamente, porque solo en tus
besos encuentro la paz que mi ser,
necesita.

Esos labios tuyos, esos besos tuyos
son simplemente adictivos,
besos, besos, que disfruto y
me hacen estremecer.

———————

~ **De Cero** ~

Entre tu boca y la mía se hace magia,
si magia de esa que transforma la vida.

Entre tus ojos y los míos
nuestras almas se aman
con la pureza de un amanecer
y la intensidad de un atardecer.

Esta amistad disfrazada se diluye
entre sábanas llenas de ti y de mi
imposible negar que en esta cama
ya no cabe tanto amor.

Besémonos, porque con cada beso
le damos alas a este amor que lo único
que quiere es llenarnos la vida.

Abracémonos y en cada abrazo sigamos
uniendo el alma que hoy se vuelve una,
porque después de muchas vidas,
se reencontró.

Amor que bonito coincidir contigo,
amor que bonito coincidir conmigo,
hacer de este sentimiento la canción
que se escribió en el infinito y ahora
nuestros corazones la bailan al ritmo
de eres todo lo que desee siempre.

Amor que bonito es sentir que la vida
nos arropa, amor que bonito suspirar
de nuevo y saber que es solo porque
estamos aquí y ahora amándonos
más bonito que nunca.

Tú y yo idilio de amor eterno,
que hoy comienza de cero.

————————

~ **Poesía inconclusa** ~

Tú eres mi poesía inconclusa,
mi verso sin terminar,
la historia que quiero descubrir,
el cuento que quiero contar.

Quiero que seas el capítulo
más hermoso para poder imaginar,
la canción que nunca quiero dejar de cantar.

Quiero saciar mi sed en tus labios,
y perderme en el infinito de tu mirada,
naufragar en tu cuerpo y descubrir
cada lunar que me lleve al cielo.

quiero vivir indefinidamente en tu
corazón y volverme para ti el delirio
de amor que tu alma grite al viento,
solo con el fin de amarnos.

Amarnos perpetuamente
saborearnos indefinidamente
y degustar infinitamente de nuestro
ser.

Tú eres mi principio y fin
por ti nací y en ti quiero vivir
que tus ojos me sirvan de guía
y tus manos de sostén en mis días.

Quiero soñarte ininterrumpidamente
de noche y de día y de tu boca beber,
el cáliz de vida.

Si, saciar mi sed quiero en la boca tuya,
enriquecer mi piel con el sudor tuyo,
quiero ser tu delirio; si, el amor más puro
que tú corazón jamás haya sentido.

Que todos tus sentidos se despierten
conmigo y que tú alma se agite tan solo
con el nombre mío.

Pues amor; ninguna mentira
podrá falsificar la verdad que sentimos,
tu alma es mía y yo no puedo poseer,
tu alma sin perder la mía.

―――――――――

Colaboración con mi amiga de
@vinos_y_letras99 un honor poder
hacer este hermoso trabajo contigo.

―――――――――

~ Equipaje ~

Era grande, pesado
tedioso, incómodo,
caro y muy tormentoso.

Era compañía sin pedirlo,
se manifestaba sin solicitarlo,
a veces hablaba sin que el oído
quisiera escucharle.

Me cansé, se cansó,
lo dejé varado en la estación
de un tren, de un aeropuerto
o un autobús, ya no recuerdo.

Solo sé que al decidirlo por un
instante me sentí triste,
pero luego la paz se hizo presente
y a partir de ese momento
la libertad llegó.

Equipaje innecesario cargue
por mucho tiempo,
hasta que comprendí que soy
viajera del tiempo y que lo que
necesito me llega en el momento.

Hoy viajo a través de las agujas
de un reloj, si de un reloj personal,
no necesito equipaje solo un alma,
consciente y en libertad,
amo, me aman, vivo y dejo vivir,
doy y recibo, sueño y trato de cumplir
cada uno, en mi tiempo, en mi espacio.

Un lastre muy pesado llevé,
pero poco a poco se quedó
en el olvidó,
ahora soy libre y soy feliz,
ya no acumuló ahora comparto.

Cada día libero el alma,
suelto sin miedo el equipaje.

Vive, sueña y trabaja
por ser muy feliz,
pero muy feliz.

———————

~Words ~

Palabras, palabras,
a veces tan sublimes,
a veces tan certeras,
a veces tan crueles,
a veces pasajeras.

Palabras que dan vida,
palabras que te suben al cielo,
palabras que te bajan al infierno,
palabras que hacen daño y matan.

Palabras que dices con sentir,
otras que las dices sin sentir,
otras que son certeras y directas,
otras que son amorosas y honestas,
otras venenosas y dañinas.

Hay palabras que implícitamente
lo dicen todo aunque claramente
no las expresan.

A veces es mejor decir lo que se
piensa, aunque se habrá un agujero,
negro en el corazón.

- - - - -

Es mejor decir una verdad
que sostener una mentira,
porque una condena eterna
se vuelve para alma y rasguña,
hasta abrir heridas incurables.

Palabras de esperanza, de amor,
de mimar la vida, el alma, el corazón,
esas son las más bellas y las que
menos se reciben.

Por eso con el tiempo acepta
solo las palabras que te hacen bien.

No abras tu oído, ni tu corazón,
a cualquier palabra porque algunas
son sólo disfraces para matar
lo bonito que hay en ti,
lo bonito que hay en mí.

Palabras, arma poderosa,
úsalas para fortalecer
y no para debilitar, el alma.

———————

~ **Casualidad Eterna** ~

Qué daría yo por verte una vez más,
así fuera por un solo instante.

Tu belleza es tan espectacular
como la luna que brilla en este cielo hoy.
Tu alma brilla tan intensamente,
como las estrellas que a esta noche llenan de gala.

Qué daría yo por contemplarte,
así fuera un solo instante,
un instante que hoy se volvió
una casualidad eterna en mis pupilas.

Sólo puedo decirte que,
tú eres la casualidad más bonita,
con la que me cruce hoy.

Sé que no volveré a verte
pero tus ojos flecharon los míos,
sin saberlo tú y mi vida cambió,
gracias a que la vida te cruzó
en esta noche de marzo.

Ojos bonitos, ojos pícaros,
ojos que flechan, ojos profundos,
ojos de mar, ojos de cielo,
eso y más eres tú.

———————

~ **Juntos** ~

Llegaste y me arropaste,
en ti encontré un refugió
seguro dónde se puede descansar
y los ojos cerrar.

Antes de ti y antes de mi
tuvimos otros refugios
que fueron más que refugios,
tormenta dónde naufragamos
en soledad acompañada y miedos
que dejaron desolación.

Encontrarnos fue despejar el panorama,
abrir nuevos caminos para construir juntos,
nuevos sueños, nuevas ilusiones.

Hoy me escuchas, te escucho,
te sueño, me sueñas,
me quieres, te quiero,
hablamos con caricias y
nos sentimos con miradas.

Puedo decir sin dudarlo que
abrazarte es tocar el cielo
y que me abraces es vivir volando
en la magia del amor.

———————

~ I Love You ~

Cerraste estos labios con un beso,
acercaste tu vida a la mía con un abrazo
te instalaste en este corazón con un te amo,
inventaste ante estos ojos un universo
con una canción.

Eres el silencio que las noches acompaña,
eres el calor que está vida necesita aún
en las noches de invierno.

Estamos en la tangente de la vida
dónde amarnos no es sólo un deseo
amarnos es una decisión consiente,
asumiendo el riesgo que el tiempo nos dé.

Vernos es conectar cada instante con
el universo y resonar en buena energía
de esa llamada amor.

Dicen que el amor no tiene color y quizá
sea inexplicable e inexistente pero cuando
tú y yo nos unimos el amor brilla y eso es
innegable.

Amor un sentimiento, una mirada, una sonrisa,
una canción, nostalgia a veces, tristeza otras,
pero esperanza siempre, porque inevitablemente
siempre encuentras

un corazón donde anidar, hoy encontraste
dos que se vuelven uno.

El amor que nos une
no se basa en un contrato,
solamente lo mantiene vivo
la confianza y honestidad
del corazón.

Y la certeza que desde antes ya te conocía
desde antes ya me conocías y ahora nos
concedieron la oportunidad de amarnos
en total libertad y plenitud.

I love you.

—————————

~ **Perfectos, Imperfectos** ~

Sólo sé que eres esa pieza,
que le hace falta a esta vida
que para nada es perfecta.

No quiero, ni pido perfección,
porque muy lejos estoy de ser eso,
de hecho soy una imperfección del
universo.

Si te animas seremos perfectos
siendo imperfectos,
unidos en una sola energía.

Mi oferta es darte un corazón,
que te amará y hará todo por
hacerte feliz el tiempo que le quede,
de vida.

Hacerte sonreír aun cuándo pensemos,
que no queda nada más, porque sonreír.

Amarte tal como eres,
porque así como eres,
me gustas mucho y amo,
en totalidad lo que eres.

Si decides compartir tu vida,
tu tiempo, tu espacio conmigo,

te ofrezco reescribir la historia
de nosotros con amor, entrega
y sin olvido agradeciendo siempre
el que estés aquí, conmigo.

Esta historia comenzó hace
un tiempo cuando mi corazón
te encontró.

Ahora sé que tu deseo y el mío
es el mismo, porque tu corazón
late al mismo ritmo que el mío
y solo anhela seguir escribiendo
esta historia que se volvió canción,
junto a ti.

———————

~ Juntos ~

Llegaste y me arropaste,
en ti encontré un refugió
seguro dónde se puede descansar
y los ojos cerrar.

Antes de ti y antes de mi
tuvimos otros refugios
que fueron más que refugios,
tormenta dónde naufragamos
en soledad acompañada y miedos
que dejaron desolación.

Encontrarnos fue despejar el panorama,
abrir nuevos caminos para construir juntos,
nuevos sueños, nuevas ilusiones.

Hoy me escuchas, te escucho,
te sueño, me sueñas,
me quieres, te quiero,
hablamos con caricias y
nos sentimos con miradas.

Puedo decir sin dudarlo que
abrazarte es tocar el cielo
y que me abraces es vivir volando
en la magia del amor.

———————

~ **Ser Solo Ser** ~

Me gustaría ser,
quién dibuja tu sonrisa,
por siempre.

Ser ese amanecer
que ves desde tu balcón,
ser la brisa del mar esa que
alborota tu cabello.

Ser ese abrazo que cobije
tu ser cuándo tengas frío,
cuándo tengas sueño,
sentir el calor de tus brazos
cuándo los míos te acerquen
con amor hacia mí.

Ser esa primera luz,
que se refleja en tu mirada,
al ver mis ojos frente a los tuyos.

Ser quien desate en tu ser,
toda la pasión y el deseo
que jamás has experimentado,
ser quien aleje todo miedo,
que el pasado dejó dentro de ti.

Ser quien te provoque el deseo,
de regresar a casa y que jamás
quieras alejarte de este hogar.

Recibirte con brazos abiertos
y darte el amor que te mereces
y besarte de tal manera que cierres
tus ojos y desees cumplir junto a mí,
todos los sueños que soñemos.

Ser esa historia que recuerdes,
por siempre, esa que dibuje en
tu rostro, corazón y alma una
sonrisa amplia llena de satisfacción,
esa que hizo de tu vida una historia
feliz sin fin.

Quiero ser tu futuro, tu presente,
tu pasado ya paso pero créeme
si quieres contarme me encantaría
conocerlo si decides compartirlo conmigo.

Si lo haces seré feliz escuchándote,
si no lo haces seré feliz haciendo de
este presente tu futuro pasado,
agradeciendo a tu actual pasado,
el presente que me regalo.

A ti te hicieron para mí,
a mí me hicieron para ti,
cada día este amor me lo
confirma e imposible es negar
lo que nuestro corazón no sabe callar.

Imposible silenciar el amor que
confabuló a nuestro favor desde
la eternidad y en este momento
nos encontró.

———————

~ **Toda La Vida** ~

Te amaré toda la vida,
esa fue la premisa de este amor,
pero cuánto es toda la vida,
me preguntó el corazón.

Toda la vida es lo que duren
los latidos en existir,
toda la vida es lo que tu amor,
me haga sentir porque no puedo
negar que de ti me he enamorado.

Amarte toda la vida incluye,
estar cada minuto, cada segundo,
cada instante, todos los días,
cada año, cada mes y cada estación
en que mi corazón siga latiendo,
porque tú eres su única razón.

Te amaré toda la vida,
porque aún si de este mundo me voy
seguramente mi amor te daré
en otra vida si en ella nos volvemos
a ver.

Mi vida es lo único que ofrezco
y aun sabiendo que de mi no depende,
te doy el tiempo que me reste.

Ahora te digo con toda solvencia
que amarte toda la vida,
es amarte, toda mi vida.

~ Bailar ~

Al verte llegar mi alma se ilumina
porque tu luz siempre me anima,
tu voz me llena de calma y a mi
ser completo llenas de paz.

Estar cerca de ti es alimentar
cada centímetro de mi piel,
con amor de ese que llena todo
espacio.

Al tocarnos las manos la música
resuena en cada poro y sin pensarlo
el movimiento se apodera de nuestro ser,
Y nos mece como el viento lo hace con
las palmeras.

Bailar contigo es darle alas al corazón,
y darle magia a la vida,
vernos a los ojos es tocar el cielo,
besarte es crear melodías que son
arte y alegría.

Cada instante contigo es una canción
perfecta que hace de este amor una
pieza musical llena de armonía que
nos une cada día.

Cerraré esta partitura con un beso de pasión
que siempre lleves tatuado en el corazón.

Tú mi canción favorita.

———————————

~ Sin Ti ~

Sin ti, la vida sería como
una película sin banda sonora,
sin ti, la vida sería un proyecto,
sin concluir.

Sin ti, los suspiros sólo serían
exhalaciones naturales y no,
recuerdos inolvidables que
llenan el alma.

Sin ti, la vida sería insípida,
pues tú eres ese terrón de azúcar
que endulza mi día,
sin ti, la sonrisa sorpresa,
no existiría.

Sin ti, las canciones, serían canciones,
no tendrían el efecto de traerte a mí,
en melodías que hacen exaltar al corazón,
e inventan nuevas armonías.

Sin ti, la luna no me hablaría,
de cuánto me extrañas,
de cuánto me sueñas,
de cuánto me anhelas,
de cuánto me amas.

Sin ti, el viento no me besaría,
ni sabría que eres tú,
besándome a la lejanía.

Sin ti, sin mí, sin nosotros,
este amor no existiría.

———————

~ **Aeropuerto** ~

Estoy acá varada en la sala de espera,
de un aeropuerto, un aeropuerto
dónde llegan y se van miles de vidas,
cuál libros en una biblioteca.

Todos cuentan una historia
como un libro al ver la portada
o leer el prólogo.

El panorama párese desierto
pero no es así entre filas vacías,
divisó a un hombre, está dormido
pero parece tener frío.

Es de madrugada y acá ya es pasada
la media noche, él es un migrante
de esos tantos que viajan,
de un país a otro en busca de un sueño.

Sueño que quizá más que sueño
es la necesidad de alimentar a una familia.

- - - - - -

Veo su rostro, luce curtido por el sol
aunque él es relativamente joven,
en el divisó la fotografía no fotografiada,
de un hombre que quizá regresa a su tierra,
a visitar a su esposa e hijos, a una madre,
a un hermano o quizá sólo vuelve para no
extrañar su origen y volver a sentir sus raíces.

Tal vez no retorne o a lo mejor
vuelva por una necesidad latente
en su hogar aquel lejano en
otra ciudad en otros lugar.

Quizá su hogar este en un bosque,
en una aldea, en una provincia,
en un barrio, en la ciudad dónde
de niño soñó con ser astronauta
o veterinario.

Como tantos sueños que tenemos un día
y luego los olvidamos, puede que la vida
nos lleve por caminos muy distintos,
como veletas sin rumbo pero no olvidemos
aprovechar el tiempo y hacer de esta vida
un instante al menos un instante feliz.

- - - - -

Imaginemos y luchemos por cumplir
en poco o en mucho nuestras metas,
probablemente a veces olvidamos que
todos somos migrantes de la vida,
que estamos acá y mañana solo la vida
sabrá.

Migrante, padre, hijo, hermano,
migrante que sacrifica su vida por
un futuro mejor lo siente, lo vive,
lo creer.

Aeropuerto 12:20 am,
de un mes, de un año
que no volverá.

———————

~ **Estrellas Fugaces** ~

Eres un suave rayo de luz,
en forma de recuerdo que
entra por la ventana del corazón
y me llenas de paz.

No sé si nos volvamos a encontrar
pero quiero imaginar que si,
mientras veo un rayo de luz
que entra a través de la ventana
e imagino que es el calor de
tus manos las que se entrelazan
con las mías.

Te veo en la fotografía que me acompaña
y tus besos me acarician despacio por dentro,
la vida parece de mi lado desde el día
que nos encontró y ahora a pesar de la distancia
sigues estando cerca de mí.

La vida es así,
siempre nos sorprende
y encontrarnos ha sido una
de las casualidades más linda
que la vida me presentó.

Tú y yo somos estrellas fueses
pintadas en el universo del amor.

—————————

~ **El amor** ~

El amor es capaz
de cambiarlo todo,
En un instante.

El amor es una locura
consciente que a veces
nos hace amar sin razón
y sin medida.

El amor tiene la cualidad
de hacernos ver y hacer
cosas maravillosas.

El Amor a veces
también nos hace llorar,
nos hace sufrir,
pero eso no le quita
lo bello de enamorarse.

El amor siempre que
nos toca genera grandes
diferencias en la vida que
toca.

- - - - -

El amor siempre llega,
quien nunca se ha enamorado
le falta mucho por vivir.

Porque el amor es algo
necesario para existir.

Que el amor siempre
sea el protagonista
de tu vida.

Ama intensamente,
amate sin medida,
deja que el amor entre
en tu vida porque el siempre
te encuentra, siempre nos encuentra
y eso te hace bien,
nos hace bien.

———————————

~ **Mágica Sonrisa** ~

Quizá sea un poema,
o una simple canción,
un lindo verso o un latir
del corazón.

Tal vez un paseo en la playa
o uno por ciudad, sea una
parada de metro o una copa
en un bar.

Puede ser un parque o un bulevar,
una piscina o simplemente caminar
estés haciéndolo solo o en compañía
de una amistad.

Hay recuerdos que siempre
te acompañarán día, tarde o noche
sin importar el lugar.

Sin duda somos de quien
nos dibuja una sonrisa
cuándo le pensamos,
en mucho o en poco
le pertenecemos.

Sonreír de la nada es el
síntoma de que alguien
en algún momento nos

hizo sentir magia y la magia
nunca se elimina si aún con
una mágica sonrisa tu rostro
se ilumina.

————————

~ **Sed De Ti** ~

Por un momento creí caer,
en el más vil de los infiernos,
pero no fue eso lo que sucedió
es que caí en el fuego de tus besos.

Cada beso tuyo es una chispa
que se acumula en una fogata
que aún no arde pero que con
cada beso que dejas caer en
esta boca, provocas un incendió
en cada poro de la piel.

Tú el propulsor del peligro,
yo solo me dejó caer en el fuego
que provocas con esos labios
exquisitos.

Las tentaciones como tú
merecen pecados como yo,
de esos que no tienen tiempo,
solo tienen fuego y lo disfrutan.

Ven y come de esta boca que
tiene sed de beber de la tuya,
por el deseo insaciable que le causas.

Sed de ti, es lo que provocas.

—————————

~ **Sinfonía De Amor** ~

Inexplicablemente sucedió,
lo que la mente evitaba,
pero el corazón no olvidaba.

No pretendía acercarme,
pero tú con tus hilos de atención
tejiste en mi interior un refugio
de sentimiento.

Llegaste con tus brazos abiertos,
Un corazón sincero,
una mirada coqueta,
y una sonrisa que roba el aliento.

Ante tal embestida inevitablemente
arrasaste con todo y el interior
y exterior de esta alma fue abatida
A flechazos de amor.

Mi corazón latía a un solo ritmo,
hasta que te encontró y ahora
es una sinfonía de amor que
únicamente sabe hacer sintonía
perfecta contigo.

~ Amigo ~

Eres la familia que no conocía,
pero que tuve la oportunidad,
de escoger.

Eres un tesoro invaluable
El cuál siempre a mi lado
quiero tener.

Has estado en mis días tristes
y en los días que he podido florecer.

Cuando abatido me he sentido,
A mi lado has permanecido,
y en silencio muchas veces
me has fortalecido.

Siempre tienes una palabra de aliento,
un abrazo y hasta un regaño,
pero siempre lo has hecho con respeto
y amor.

No importa si estas lejos o cerca,
si no coincidimos en el mismo lugar,
o si de madrugada, tarde o noche
tenemos que hablar, tú siempre a mi
lado has sabido estar.

tenerte en mi vida es un regalo que
la vida, el cielo o el destino me otorgó,
y por eso hoy mi agradecimiento y amor te doy.

Hay amigos, que más que amigos,
son hermanos para todos esos pocos
o muchos amigos, gracias por existir
y estar cuándo una mano está vida
suele necesitar.

Gracias Amigos.

———————

~ **Cada Día Más** ~

Los minutos corren,
las horas transcurren,
los segundos se diluyen,
y el amor permanece.

Me preguntaron qué porque
sonreía tan frecuentemente,
les respondí que era porque
tu sola presencia le daba luz
al alma.

Mi corazón se acelera,
al verte, mis manos sudan,
solo de pensar que podrán
tomar las tuyas, mi respiración
se agita al sentirte cerca.

Dicen que es amor,
quizá, pero en esta minuto,
hora y segundo mis palabras
enmudecen solo con ver
tu mirada y mi corazón sonríe
tan solo con escuchar tu voz.

Sin duda puedo asegurar que
tú me gustas, cada día más.

————————

~ **Amor Favorito** ~

Tus miradas el universo
que me hacen viajar,
a un mundo que creí
olvidado.

Tus caricias los instrumentos
perfectos que saben tocar
las melodías más exquisitas
en la piel.

Tus besos son
la música que le
cambian el ritmo a
este corazón que
aprendió a sentir
nuevamente contigo.

Todo tú mi vicio,
mi amor favorito.

———————

~ **Llegaste Tú** ~

Desde que tocaste a mi corazón,
los inviernos son como veranos.
los veranos son más largos y
frescos como si el invierno nos
visitará momentáneamente.

Tus abrazos hacen primaveras
con los míos porque me llenas
de amor sin medir.

Tus besos dibujan otoños en mi piel,
porque en ellos siempre encuentro paz
que llenan de colores, mi alma.

Tomar tu mano es sentir el universo
dentro de mí y besarte es volar
por sueños que si pueden concretarse.

Tú eres una realidad,
que hace que mis silencios
sean gritos de felicidad.

Conversar contigo es conocer
historias que incrementan el amor,
día a día.

Todo cambió por ti,
mi corazón es un cielo

abierto donde volar ya no
es imposible y ahora solo
agradezco a la vida porque,
llegaste tú.

———————————

~ El Príncipe ~

Encontrarte fue un regaló
que una pandemia me dejó
y que la vida confabulo para
compartir mi alma con la tuya.

Te conocí de a poquito a través
de tus lindas historias y así mi
corazón me dijo que tú eras
un príncipe.

Si un príncipe y no solo
de esos cuentos de hadas,
no tú ere un príncipe real.

Eres valiente, elegante,
buen mozo, amable, educado,
culto, de buen corazón, mágico,
creativo, buen amigo eso y
muchas cosas más.

Hoy celebró tu vida, porque seguro
cuándo llegaste a este mundo una estrella
en el firmamento se apagó porque tú bajaste
a iluminar vidas, entre ellas la mía.

Eres el príncipe de los cuentos más
fabulosos y el amigo más increíble
que cualquiera pueda anhelar tener.

Para ti mi príncipe de barba blanca,
corazón de León, vikingo en el corazón,
con espada en mano o libro abierto
en el alma, digno conquistador de
este mundo de amor.

Siempre tú, el príncipe.

———————————

~ Por ti ~

No diré tu nombre, por respeto,
pero magia es lo que siento
cada vez que te veo.

Detrás de esos ojos
está un futuro que no conozco,
pero que quisiera conocer.

En ese corazón vive un amor
que a mí me hace temblar.

Quiero pensar que en esos labios,
está el fuego que quiero sentir,
ese que me transforma aunque
quizá nunca logre besar.

Me gusta pensar que
detrás de esa sonrisa
esta la felicidad que nunca
conocí, pero que muero
por conocer solo contigo.

Me guardo tu nombre porque
quizá eres solo un sueño que
me acompaña en este día a día.

Tal vez la vida vuelva a reunirnos
o quizá ya no, quizá al destino
solo se le ocurrió jugar, contigo
y conmigo, no lo sé.

Por ti mi recuerdo se volvió nómada
en el tiempo, por ti mi mundo vive
en un sueño eterno que no quiero olvidar.

Tal vez el olvido es solo egoísmo a no morir
en soledad, para volver a vivir y sentir,
esa magia que solo tu presencia sabe dar.

No sé si será hoy o mañana
pero sé que tu amor me encontrara,
por ti espero, solo a ti te anhelo.

———————————

~ **Fluir** ~

Besos húmedos, abrazos cálidos
que hacen que la piel vibre,
en melodías de tiempos
de pasión.

Esto es el arte de amar,
ese que al conjugar tus
labios con los míos fluye
esa música que nos hace
soñar.

Sentir no sólo con la piel
al desnudos sino con el
alma en plena libertad,
es fluir en el más exquisito
sentimiento del amor.

Todo tú, toda yo hacemos
de cada sensación una
estación del tiempo que
nos cobija con su hermosura.

No existe frío ni calor,
no hay dependencia, ni fatiga,
solo existe convicción de que
este amor es del tiempo y vida
que la existencia nos dé.

Amarte para siempre
es el anhelo, sea cuál sea
la duración del destino.

____

~ **Privilegio** ~

Amarse, gustarse, quererse,
encontrarse sin buscarse,
a eso le podríamos llamar
destino, la verdad no lo sé.

Encontrarnos es un juego de
posibilidades infinitas y sin
embargo acá estamos.

Coincidir en un poema,
una canción o en un pensamiento,
eso es increíble.

La música del amor nos hace
sintonizarnos en la única frecuencia
que el corazón conoce,
logrando así enamorarnos
en una sola mirada, en un solo
latido, en un solo suspiró.

Tenerte cerca o lejos no
impide que coincidamos,
pues el destino es un misterio
y solo él sabe cuál es el camino
a donde desea llevarnos.

Viajo por esta vida sin equipaje
o quizá si, tenga uno pequeño,
pero nada que con un beso o un
abrazo tuyo no se logre resolver.

La meta final, no sé si se alcance,
mientras disfrutemos el trayecto,
recuerda que es un privilegio
querernos, amarnos, gustarnos,
encontrarnos.

Mañana,
no sé a dónde nos traslade
la vida pero el hoy,
es perfecto si estamos juntos.

———

~ **Almas Errantes** ~

Al besarnos mi alma,
se fusionó con su alma,
entonces me convertí
en sus latidos y él se volvió
mis suspiros.

Hicimos de nuestros deseos
un éxtasis de locura dónde
sus manos eran un pincel
y mi cuerpo su lienzo favorito.

Mis labios besaron mucho más
que la penumbra de aquella
habitación que nos cobijo
y nuestros corazón cantaban
una misma canción.

La danza de dos almas que
por un instante fueron eternas,
eso es lo único que hasta hoy
permanece vivo.

Su alma y mi alma se pertenecen,
aunque esta vida no alcance para
mantenernos unidos.

Almas errantes, con caminos distintos,
quizá en algún camino extraño algún día
vuelvan a reencontrarse,
sin tantos miedos, sin tantos peros
y vuelvan perdidamente a amarse.

———————

~ **Puta** ~

Le llamaste puta pensando
que le ofendías,
qué triste reconocer que
no eras lo que fingías.

Le dijiste puta por ser sincera,
por no aceptar la condena que
querías imponerle.

Me señalaste como puta por
pensar diferente, sentir diferente,
amar diferente, soñar diferente,
volar diferente, reír diferente,
mirar diferente.

Puta, fue lo único que se te ocurrió
decir cuando un cuerpo te entregaron
con los más perversos deseos que
también disfrutaste.

No creas que porque me dices puta
mi cabeza y rostro bajaré,
no te equivoques esta puta ya sabe
lo que vale y lo que quiere.

Puta palabra de cuatro letras que
el tiempo me enseñó a querer,
ahora ya no es un insulto,
ahora una bandera blanca suele ser.

La vida me mostró y me enseño
que ser puta es ser una cabrona que
ya no se deja manipular y que todos
muy en el fondo una puta solemos llevar.

P - poderosa, fuerte, inteligente, sagaz, intuitiva.
U - universal, mente abierta, con iniciativa, libre
T - tierna, sensible, cariñosa, sin igual.
A - morosa, respetuosa, honesta sincera.

Si esto es ser puta, seguiré siendo puta por
la eternidad y ese título llevaré con dignidad.

———————

~ **Perderme Contigo** ~

Si me voy a Perder,
quiero que sea contigo.

Si contigo, contigo que
me piensas, que me anhelas,
que me desea, que me extrañas,
que te mueres por llamarme
y hablar conmigo.

Si tú, que a pesar de todo
por las noches sonríes
pensando en mis locuras.

quiero perderme contigo,
contigo que a pesar de tus
días largos y cargados me das
tu tiempo, me escuchas y sonríes
conmigo.

Quiero perderme contigo,
en un abrazo, que calme mi furia,
en un beso, que sacie mi sed,
en una sonrisa, que me llene el alma,
en una mirada, que acaricie mi corazón.

Contigo quiero perderme
solo con un motivo,
el de hacernos felices
con un te quiero, para siempre
conmigo.

———————

~ **Dos En Uno** ~

Sabes qué extraño de nosotros,
esas charlas sin final esas que
decimos serían dos minutos.

Me enamore de ti,
me enamore de esa manera
exquisita de desvelarnos,
de coquetearnos, de escucharnos,
de valorarnos.

Me es irresistible esa forma
de conversar y reírnos como locos,
llegar al punto de cubrirnos la boca
para no despertar a nadie en plena madrugada.

Esa conexión no solo física,
no solo del alma, si no también
Intelectual eso me encanta y no tiene precio.

Somos eso inusual
que sucede de vez en vez,
en el universo.

Somos dos luces distantes
que se ven con amor,
somos esos dos extraños,
que aprendieron a extrañarse,
somos dos corazones en uno
que no saben el final pero que
se disfrutan como nunca.

Somos dos que solo
quieren ser uno, somos
dos en uno.

―――――――――

~ **Quererte Eso Quiero**~

Quiero ser tu silencio,
cuándo las palabras
te sobrepasen,
y ser tu voz cuando
el silencio te absorba.

Quiero que veas en mí,
un oasis de paz,
quiero que sientas que acá
hay refugio para tu alma.

Quiero ser el cielo donde
puedas volar y si un día tus
alas sufren una ruptura sepas
que acá estaré para sanarte.

Quiero de verdad,
quiero que quieras quererme, como te quiero y
ser más que
un te quiero pasajero.

Quiero ser hogar, quiero ser todo
lo que quieras y lo que necesites
como yo te quiero y sueño quererte por siempre.

Quiero quererte como
te mereces ser querido,
como nunca te han querido.
quiero ser el mundo donde
quieras vivir para siempre.

Quererte eso quiero.

———————————

~ La Tinta ~

La tinta es la esencia
de tus emociones,
de color indeciso.

A veces se pinta de azul
cuándo la lloras,
Otras de rojo,
cuándo la sangras
Otras veces es negra,
Cuándo la escribes,
y otras tantas transparente
cuándo la piensas y la plasmas
en el alma y el corazón.

En realidad la tinta la llevamos
todos como ríos de inspiración,
de alegría, de tristeza, de nostalgia,
de rabia, de dolor o de amor.

Ninguno está libre de un día
sacar su tintero y escribir un mensaje,
un verso, un poema o una canción.

La tinta la llevamos en la punta de los dedos,
en el iris de los ojos y en lo profundo
del sentimiento,
indeleble en el alma.

Es la compañera perfecta de
una tarde de invierno, de un caluroso verano,
de una lluvia de primavera o una noche de otoño.

A veces la luna es su cómplice
y las madrugadas su amor eterno.

La tinta es una marca en el tiempo
que guarda la memoria de vidas
pasadas, presentes y futuras,
ella es la historia de un beso,
de una derrota o de una victoria.

Tinta, pluma y tintero,
idilio de amor eterno.

———————

~ Él Y Yo, Yo Y Él ~

Somos amantes,
amigos, errantes,
él vive su libertad
y yo vivo la mía.

Vamos por la vida en solitario,
Pero cuándo nos encontramos,
llenamos el momento de un
no sé qué, que nos satisface,
enteros.

Él y yo, yo y él,
no necesitamos un papel,
el me acepta como soy
y yo lo acepto como es.

Desearnos es nuestro lazo,
comernos a besos,
nuestro compromiso,
extrañarnos nuestra misión,
amarnos por siempre,
nuestro deseo.

Pero no nos gusta ponerle
tiempo al amor,
preferimos estar libres

y sin temor,
estamos juntos porque
el destino, así lo quiso,
el escogió nuestro camino
y en esta vida nos encontró.

Ahora nos hacemos uno,
en su cama, en la mía o
en una ajena, la verdad lo único
que nos importa es comernos
completos sin restricción y sin
ninguna pena.

Él y yo, yo y él,
simplemente nos entregamos,
sin reservas a este amor,
que hoy nos deja un buen sabor.

———————

~ **Matemática** ~

Somos una ecuación
bastante diferente,
la verdad jamás he
sido muy hábil con los
números.

Pero cuándo apareces
en esta vida divida por
amores pasados,
tú potencializas en ella
el deseo de vivir.

Tenerte cerca es sumar
en esta piel, un deseo
insaciable por amarte.

Al hacer el balance en
este corazón fragmentado,
solo llegó a una simple
conclusión.

La única operación
matemática que me interesa,
es la de multiplicar los besos
y caricias en nuestros cuerpos.

Que juntos hacen las figuras
geometrías más perfectas,
que conozco.

Porque juntos,
suman, multiplican
y potencializan, amor,
deseo, pasión y locura.

Sin duda tú y yo somos
una operación matemática,
perfecta.

____

Este verso está escrito
con suspiros y caricias,
que nunca han sido
sentidas tan exquisitas,
como en este tiempo.

La pluma de tus miradas
acarician cada espacio
del alma y la rozas tan
suavemente que ella solo
se rinde, ante tan sublime
toque.

El cuerpo está a disposición
de iniciar esa batalla entre
el calor que le generan tus
manos y el fuego que sale
de tu boca dibujando con
la tinta de tus labios cada
espacio que clama por ti.

Al vernos solo nos mordemos
los labios como indicio de
urgencia de comerse sin mesura,
plasmando en la piel la pasión
y locura de poseerse.

Luego en el pensamiento se
desata un deseo inmenso de
decirte que con besos escribiré
poesía que viva eternamente
entre tu piel y la mía.

Haciendo de este ritual una
antología de caricias que
sacien a estos cuerpos la
sed desesperante de amar.

———————

~ Eres Mi Todo ~

Estoy frente a ti en esta cama,
que es nuestro reino de amor.

Te veo dormir y es lo más hermoso
que mis ojos pueden apreciar.

Tu rostro es perfecto,
hasta esa línea de expresión
en tu frente te hace ver hermosa,
y me tiene delirando por ti.

Nunca te había observado
tan detenidamente y sin duda
eres para mí lo más bello que
ha llegado a mi vida.

Lo único que quiero,
es despertarte a besos,
y llevarte un café a nuestro
refugio.

Sin duda contigo, lo quiero todo, todo,
Quiero Vivir, soñar, reír, llorar, pelear, abrazar,
quiero ser tu cómplice, ser tu amigo ser uno
contigo.

Conocer cada lunar de tu piel
cada cicatriz y abrazarte el alma
tan cálidamente que nunca más
sientas frío.

No somos el primer amor,
uno del otro pero eres el único
amor que hoy quiero tener en mi vida.

Contigo ya no me pregunto,
que es el amor porque con una
sola sonrisa llenas toda mi alma.

Me encantas porque ya no eres
un sueño eres una realidad que
disfruto cada minuto de mi vida.

Hoy por hoy, tú eres mi todo,
y soy feliz de que seas feliz
conmigo.

———————

~ **Amor, Tú** ~

Me encanta tener la certeza
de que estas allí para mí.

Sé que no nos vemos
muy seguido pero eso
no es un limitante.

Lo realmente valioso,
es lo que sentimos,
es tan increíble la conexión,
que el no tenerte cerca,
es imposible,
pues estás sin estar.

Yo Te Pienso
Tú Me Escribes,
Tú Me Sueñas,
Yo Te Extraño.

Sé que no podemos estar juntos
pero saber que cuándo ves,
la luna en el cielo, me recuerdas,
me hace feliz.

Tu amor me hace feliz,
amor, tú me haces feliz.

———————

~ **Café** ~

Tu aroma es delicado
y dulcemente exquisito,
difícil de aludir.

Tu piel tiene una textura,
suave con algunos puntos
imposibles de no besar.

Cada lunar de tu cuerpo
le da la dulzura justa,
que mi paladar necesita
para saciar mí deseo.

Tu temperatura uff,
la justa que esté cuerpo
necesita para arrancar,
el día a día.

En conjunto tú eres
eso que necesito tener,
cada amanecer.

Quiero ser para ti,
ese café que escojas
beber todas las mañanas
que la vida nos permita,
como tú lo eres para mí.

———————

~ **Distancia Relativa** ~

La Distancia,
no mide lo mismo,
cuándo el amor existe.

Porque puede que estés
a kilómetros de mí,
pero mi corazón te siente,
junto al mío.

Puede ser que la distancia
sea enorme, pero tu amor
me arropa en las noches
de frío.

Tu voz anula toda distancia,
con un te amo y el vacío
se desvanece al ver tu sonrisa,
frente a mi aunque solo sea
a través de una pantalla.

La Distancia,
no mide lo mismo,
es relativa cuándo
el interés y el amor,
existen.

———————

~ **Actitud** ~

Si tienes la actitud correcta,
todo es posible.
Si logras verlo con ojos
de que tú eres capaz
y puedes, tus metas no
tendrán límites.

Anímate a iniciar todo
con una sonrisa,
con buena actitud.

Quizá no te garantiza
el éxito total, pero si fallas
el aprendizaje y la experiencia,
serán tus mejores aliados
para continuar.

Todo éxito casi siempre,
esta acompañado de
intentos fallidos.

Pero se aprende más
de los intentos fallidos,
que de los logros alcanzados.
Sólo no te rindas y recuerda
que antes de amanecer siempre,
hay una noche y que también se disfruta.

———————

~ **Me Enamoré De Ti** ~

Me enamoré y no me pidas explicaciones,
me enamoré, de todo en complemento.

Te vi venir y no tuve voluntad,
para apartarme de ese desastre,
llamado tú.

Quise, decidí, ser atropellado
por tu belleza que no sólo fue
física, si hubiese sido solo esa,
hoy no estuviera aquí muerto
de amor por ti.

Me atropellaste el alma, con tu alma,
que me cegó con su luz,
tu sonrisa solo fue un complemento.

Tu inteligencia me golpeó
de ramplón e hizo de mí,
añicos todo mi ser.

Me enamoré, y no tengo más excusas
para decirte que sueño
con amanecer contigo
por el resto de mi vida.

Me enamoré de ti.

———————————

~ Aquí Estás ~

Es tan hermoso
tenerte aquí,
si aquí junto a mí,
estás en mi corazón,
estás en mi pensamiento
estás en un suspiró.

Estás en mis días,
estás en mis noches,
estás en mis sueños,
estás en mis canciones,
estás en mis reproches.

Tú estás aquí y aún no se
si al final será conmigo.

Pero aquí estás.

———————————

~ **Tus Ojos** ~

Ojalá tus ojos nunca extrañen
los míos, como los míos,
extrañan los tuyos.

Ojalá un día se vuelvan
a encontrar y se vean,
sólo con amor.

Ese amor bonito, que un día
hizo que esos ojos brillaran
como un sol.

Ojalá tus ojos aún me recuerden
y quieran volver a verme, pues
en estos ojos míos tu reflejo
permanece.

No sé dónde te encuentres
pero espero estés bien,
en este corazón siempre
abra un espacio para ti,
porque siempre le sumaste.

Lo nuestro no fue un simple
encuentro lo nuestro fue
conexión de Almas.

Eso lo supe cuando vi tus ojos
y ellos me mostraron que tú
tu alma era mi alma.

Alma mía dónde estés,
algún día esperó verte
otra vez.

———————————

~ Navidad ~

Una fecha particular que une
corazones con amor,
ese amor que se manifiesta
con la celebración del nacimiento
del niño Jesús que nos vino a
recordar, que somos lo más
bello de esta creación y que por
amor a nosotros el bajo para
llenarnos de su presencia.

Que cada foquito que enciendas
en esta Navidad se transforme
en una luz de paz, armonía, amor,
felicidad y esperanza en tu vida.

Y que todo esto te acompañe
cada día de tu hermosa existencia.

Son mis mejores deseos,
Feliz Navidad.

———————

~ **Recuerdo** ~

Los ojos guardan dentro
de ellos tu silueta, solo tu silueta,
el olfato recuerda por instantes
tu aroma ese que hace que
se escape un suspiró de nostalgia.

Mis oídos por momentos,
pausados en el tiempo
escuchan tu voz,
sabiendo que no es exacta
pero en la memoria el corazón
sabe que es la tuya.

La piel tiene marcadas tus caricias,
que aunque no se ven permanecen
como tatuajes indelebles que hacen
erizar aún el pensamiento.

Eres esa fotografía que no existe
en papel pero logro ver a través
del recuerdo, algo así eres tú.

————————

~ Sonrisa ~

Tienes una sonrisa
que enamora,
no la pierdas nunca.

Que nada ni nadie te la robe,
porque acá hay alguien
que espera verla con ansias,
para ser feliz.

Tú sonrisa tiene magia,
tu sonrisa es una luz,
cuándo los días quieren
nublar este corazón.

Sonríe, sonríe por favor
y pon en este cielo un sol
de amor.

———————

~ **Encuentro** ~

Me perdí por mucho tiempo,
o tal vez no quería encontrarme,
tal vez solo era un pretexto para
no sufrir, porque perdí
la esperanza de volver a sentir.

No me encontré aun teniendo
el GPS instalado en el pecho,
cerré los ojos y el corazón
porque ya no quería creer
en eso llamado amor.

Luego de mucho tiempo
y de muchos inviernos,
Me recuperé sin saber que
era para encontrarme contigo.

Tú eres una luz, tú eres un faro,
en medio de una tormenta
que hoy se disipó,
con tu sola presencia.

Me encontré, te encontré
y se hizo la magia.

———————

~ **Mi universo Tú** ~

Quiero traspasar todas
las fronteras de tu cuerpo
y ser el habitante universal
de tu corazón.

Quiero conquistar cada galaxia
de tu mente y volverme un viajero
intergaláctico de todo tu cosmos.

Visitar cada lunar que figura
una estrella en la constelación
que se encuentra en tu piel
y soñar que soy tuyo, solo tuyo.

Perderme en ese par de luceros,
que son tus ojos y besar tus labios,
que con tan solo rozarlos me
hacen soñar un cielo.

Toda tu eres explorable y
yo quiero ser ese astronauta
que te descubra como quien
descubre el lado obscuro de
la luna.

Tu musa, yo poeta
tu tinta, yo pluma
tu verso, yo letra

tu universo, yo sol,
solo quiero ser el dueño,
de tu infinito corazón.

Mi universo tú.

———————

~ **Osadía** ~

Me dicen osada,
porque soy capaz de expresar,
mis verdades y mis miedos,
sin temor al qué dirán.

Me dicen atrevida,
porque voy por la vida
con una sonrisa desmesurada,
porque soy feliz con lo que soy,
con la locura y la cordura,
que a veces es enfermedad
y a veces la cura.

Me dicen valerosa,
porque no me importa
el peligro de hecho amo,
el peligro, amo la adrenalina
al mil y lo sabes.

Soy audaz, atrevida, osada,
valerosa, no importa como
quieran llamarme, esa soy.

Si a tu lado me quieres
tendrás que arriesgarte,
lánzate sin paracaídas
desde tu corazón y aterriza
en el mío si quieres conquistarme.

Que es un reto te dirán,
no, no es eso, es solo otro
atrevimiento de esos que
a esta loca valiente se le ocurren,
por amor frecuentemente.

—————————

~ Buqué ~

El perfume,
es la manera en que el olfato
guarda la memoria a través
del tiempo y se queda allí,
instalado en el más profundo
sentimiento del corazón.

Allí estas tú en un rinconcito
de mis recuerdos y te guardo
como el aroma más exquisito,
de ese sentimiento.

Tú permaneces grabado en mi piel,
en cada poro impregnado como
la fragancia más exquisita que existe.

Guardó en todo mi cuerpo,
el buqué de tus besos
como bálsamo del amor.

———————

~ **Quiero Ser** ~

Quiero ser,
el café que tu corazón
necesite para despertar
a toda hora.

Quiero ser,
el primer pensamiento
de tus mañanas y el suspiró
que te acompañe por tus
noches.

Quiero ser,
eso que anhelas mantener
cerquita de tu corazón,
sin ninguna condición.

Quiero ser,
la sonrisa que se dibuja
en tu rostro al escuchar
esa canción.

Quiero ser,
todo para ti, como tú,
lo eres para mí.

Eso quiero ser.

———————

~ **Pretexto** ~

Quiero ser la excusa perfecta,
para el pretexto que quieras
inventar.

No sé si algún día te animes,
pero sé que lo harás porque
me lo dicen tus ojos.

Tus labios no pueden ocultar,
el deseo de besar los míos
y los míos se mueren por
besar los tuyos.

Tu pretexto es la timidez,
mi excusa es tu sonrisa,
tu pretexto es el temor,
mi excusa es atreverme.

Qué tal si ambos cerramos
los ojos y solo nos acercamos,
total para besarnos solo
necesitamos estar así,
frente a frente y que se haga
la magia que hace ratos,
nos viene hechizando,
el corazón.

———————

~ Excusa ~

Una mirada, una sonrisa,
una palabra, un saludo,
un abrazo, una llamada,
una invitación, un café.

Una cena, un desayuno,
un baile, una canción,
un poema, un mensaje,
invierno, primavera,
verano, otoño.

Cualquier excusa es buena,
si me acerca a ti, cualquiera
créeme lo único que quiero
es estar junto a ti y que
seamos dos locos felices.

———————

~ **Miradas** ~

Tus ojos puertas de verdad,
ante ellos imposible resistir
cualquier embate de amor.

Tus ojos un mundo nuevo
que el corazón se muere
por descubrir, porque sabe
que en ellos puede dormir.

Quizá nunca sea capaz de
revelar todos sus misterios,
pero quiero tener alas para
volar entre tus miradas y tus
suspiros porque solo ellos
me saben escudriñar.

Tus miradas desnudaron
todos mis miedos y mi alma
libero de tajo el amor que un día
en algún mundo desconocido
perdió y le fue difícil recuperar,
hasta que tu mirar le hizo a sentir,
volver a vivir, volver a soñar.

———————

~ **Oasis De Magia** ~

No importa si esta
cayendo sobre la cabeza
la peor tormenta invernal.
No interesa si el verano
más candente está rodeando
con sus brazos de desesperación.
Quizá sea la más hermosa
primavera pero la más triste
soledad.
Quizá el otoño llegue y la lozanía
de aquellos atardeceres ya no
hagan añorar.
No tengo ni la más mínima idea,
lo que si reconozco es que eres
Tú la lluvia mágica,
que hizo de este desierto
un oasis de amor.
Porque con tus detalles
haces que se vuelva a creer
en lo que ya se daba por perdido.
Eso eres tú, oasis de magia.

———————

~ **Abrazarte otra vez** ~

Quizá la vida nos conceda
encontrarnos de nuevo,
quizá la vida nos vuelva
a reunir inesperadamente.

Quizá tú ya no te veas igual,
quizá yo tampoco lo haga,
quizá la apariencia ya no
sea la misma, no lo sé.

Pero si la vida me diera
la oportunidad de abrazarte
otra vez, sería como tocar
el cielo con mis manos.

Te abrazaría como un bebe,
abraza la vida cuando nace,
me aferraría a ti y te diría
cuánto te extraño,
cuánto te amo,
jamás volvería a soltarte,
eso puedo asegúrate.

- - - - - -

Quizá solo sea un sueño,
pero si la vida nos diera
la oportunidad te abrazaría
fuertemente al menos
de este lado del alma,
te abrazaría con amor,
felicidad y calma.

Abrazarte otra vez es todo,
lo que me gustaría hacer.

———————

~ Labios ~

En mi mente estas,
como el más dulce sueño,
eres la adicción de la cual
me es imposible escapar.

Te pienso cual canción
en el recuerdo pues tus
ojos son los parajes perfectos
al universo del amor.

A veces solo sueño con
tus labios en los míos,
pues el dulce sabor que dejas
en cada beso que das es
inevitable olvidar.

Tu boca un portal a lo exquisito,
platillo favorito que solo sabrá
degustar quién te sepa amar
y te juró que yo quiero ser
a quien solo tú quieras besar.

Bésame con esa boca
que a mí me transforma
del más vil desconsuelo,
a la alegría más palpitante.

Bésame, bésame, bésame,
que en tu boca habita la magia
que mi vida necesita.

____

~ **Besos** ~

Hay besos que te dejan
sabor a esperanza,
besos que te asaltan
el pensamiento.

Besos furtivos que te
roban el aliento,
besos robados que te
tatúan el corazón.

Besos con sabor a miel
porque los labios que te
los dan son los deseados.

Besos que te dejan una huella
porque permanecen contigo
como la mejor canción,
grabados en el oído y en
el latir del corazón.

Besos acelerados porque
son de esos que más que
tiernos son llenos de pasión.

Besos que te roba un suspiró
y te hace desear el próximo
beso que puedas dar,
a esos labios deliciosos
con los que sueles soñar.

Besos que se dan como
si no existiera un mañana,
porque de esa boca jamás
te quieres olvidar.

———————

~ **Tengo Sed** ~

Tengo sed y aún no
descifro de qué tengo sed.

No sé si es de tu mirada,
no sé si es de tus caricias,
de tu sonrisa, de tu cuerpo,
de tus palabras, o de tus besos.

Quizá sea de todo,
porque al final todo tú,
eres mi todo yo.

———————

~ Será ~

La vida, la casualidad
o la suerte no lo sé,
aún es una incógnita
pero acá estas más
presente que nunca.

Será o no será tampoco
está claro pero me gusta
el presente junto a ti.

Verte así tan cerquita
de mi sonrisa,
es sentir el calorcito
de la felicidad más real,
que nunca.

Dure unas horas, un día
un mes, un minuto o
un segundo diré sin duda,
que encontrarnos valió
la pena.

———————

~ **Desconocidos, Conocidos** ~

Tú el chico de la sonrisa rota,
esa que tiene un una mitad un
te quiero y en la otra un no
te vayas, esa misma sonrisa
que sin saberlo o quizá sí,
a otros corazones alborota.

Tú el chico con el que comparto
estos rulos locos alborotados,
tímido o reservado eres a veces,
pero con un corazón intenso en
sentimientos y lo percibo,
porque así es el mío.

Tú en la terraza con un cigarro
en mano, una cerveza en la mesa,
sueltas el cigarrillo tomas un sorbo
de la cerveza, la colocas a un lado
junto al cenicero y en tu portátil
escribes con tus dedos de poeta.

Dibujas con letras versos
que hacen estremecer vidas,
estas allí bajo la lluvia de este viernes
de noviembre meditando
en alguna frase o experiencia.

Tus letras me cortan la respiración
y a veces lágrimas brotan de mis ojos
cuándo te leo.

Somos desconocidos, conocidos,
que se conectan con el corazón,
porque nuestras plumas vagan
sin rumbo por este mundo de
pensamientos.

Se entrelazan sentimientos,
que no conocen tiempo, espacio
o distancia, estos elementos
no son limitante porque allí,
entre tu mirada baja y tú
media sonrisa me escondo yo
solo para descifrar un poquito
el misterio que me causa tu mirar.

———————————

~ **Sueño del Corazón** ~

Tantos detalles brindados,
tantas palabras perdidas
que el viento congeló en
el tiempo.

Cuánto amor dedicado,
cuánto amor olvidado,
cuánto amor brindado,
que nunca fue apreciado,
por las manos amadas.

Cuántas caricias dadas
a la sombra de la noche,
que jamás tocaron la piel,
de ninguno de los amantes.

Cuántos suspiros flotaron
al rededor del corazón,
sin tener destino seguro.

Quizá la magia solo
existió allí, dónde logré
coincidir con tu mirada,
aunque solo fuera un
sueño del corazón de dos,
que nunca serán.

———————

~ **Play List** ~

Aunque escucho
nuestras canciones,
para acortar la distancia,
nada me da la paz que
solo tu voz me da.

Tan simple como eso,
escuchar tu risa tus palabras
peculiares, escuchar diciéndome
te quiero, eso se extraña mucho.

Los días pasan y parece
que fuesen eternos,
pero al mismo tiempo
me recuerdan que ya no
volverás y solo en esta
play list de la memoria vivirás.

———————

~ **Canción** ~

Beso tus labios suavemente,
rozó tu piel con mis dedos,
me ves a los ojos y me siento
desnudo ante ti.

Me acercó nuevamente,
haciendo de este encuentro,
una antología de suspiros,
que se transforman en una
delicada melodía que hasta
hoy no conocía.

Beso tu cuello y tú bajas tu mano,
la pones sobre mi pantalón y yo,
estremezco ante tal acto,
a estas alturas ya estoy
a mil por hora y mi corazón
está a punto de salir del pecho.

Haces una inhalación profunda
Y mis manos sueltan el primer
botón de tu blusa, veo un lunar
exquisito que solo me invita
a besarlo.

Lo beso y tú tomas mi viril
y caliente sexo en tus manos,
ya mi pantalón cedió ante

tu deseo.

Yo sigo bajando tomó tus
pechos en mis manos
ellos ya se muestran muy
excitados y solo me pides,
en un sube jadeo bésalos.

Tú como una buena canción
de rock haces el amor estridente,
yo me vuelvo loco por tenerte,
y entre el sonido de tu voz,
y el solo una guitarra eléctrica,
la magia de aquella canción,
que nuestros cuerpos tocan
se consolida en el mejor
rock and roll que mi corazón
ha escuchado.

Tú eres el silencio,
que grita fuerte en mi corazón
porque aquí estoy deseándote,
soñándote, amándote.

Esperando por ti para volver
a escribir con nuestros cuerpos
otra melodía de esas que hacen
estremecer hasta el último poro,
de la piel.

———————

~ **Melodía** ~

Tu amor la canción,
que le pone ritmo a
mi corazón.

Tu sonrisa esa melodía
que me cambia el dia.

Tu voz la que le marca,
el ritmo a mis sueños,
porque sueño estar contigo.

Tus abrazos las notas que
dibujan en mi vida una bella
armonía.

Tus ojos, los silencios
y melismas que adornan
mi pensamiento cuándo
siento que muero lento.

Tu cuerpo el pentagrama
dónde quiero dibujar,
las mejores partituras
que marquen tu vida,
con nuevas aventuras.

Mi banda sonora favorita eres tú, solo tú.

———————

~ **Tu Voz** ~

Existen muchas cosas
que me hacen feliz,
ver tus ojos es adquirir paz,
ver tu sonrisa es llenarme de alegría,
verte es llenar toda mi vida con una
luz que aleja de mi toda duda.

Pero tu voz es la música
y el elixir que ánima mi corazón.

No sé cómo describirlo pero tu voz,
me hace soñar contigo aún despierto,
porque tu amor me hace cruzar
de punta a punta el cielo
y como ráfaga de viento cruzas,
todo mi ser en un momento.

Cada camino del amor que he
caminado no se compara con
el que he conocido contigo.

Porque tu voz cambia mi vida
tu voz es simplemente la magia
que le da chispa a mi vida.

———————

~ Somos Magia ~

La magia existe,
ha estado presente
siempre en ti, en mí.

A veces olvidamos que
somos creación
imperfectamente, perfecta,
que cada latido del corazón
es magia.

Tenemos el poder de transformar
el mundo a favor nuestro,
si usamos la magia que tenemos.

Hacer sonreír a alguien,
está en tus manos,
hacer sentir a alguien es inevitable,
porque la magia que hay en ti
y la que hay en mí, no la tiene nadie.

A veces corremos al verla fluir,
otras veces ni la vemos,
pero si algo es cierto es que
sin saberlo tú y sin buscarlo yo,
la magia llegó y hay que compartirla
porque en el amor con que la des,
radica el poder que tienes.

———————

~ Realidad –

Dime qué hacer con estas
Ganas locas de querer,
escribirte.
Dime qué hacer con el deseo
de volver a escucharte.
Dime qué hacer con todo
el amor que acá dejaste.
Contigo lo único que necesito,
es una dosis de realidad,
o tal vez lo único que necesitaba,
era saber toda tu verdad.
Porque la mía está escrita
en la luna y sabes perfectamente,
que como ella solo existe una,
que aunque las nubes a veces
la oculten allí esta.
El amor solo se da y aunque
quizá no lo merezcas,
aún en el cielo brillará.

———————

~ Hogar ~

No solo fue el domicilio habitual
dónde desarrolle mi vida privada
y familiar.

No, no fueron solo simples
paredes como todos la ven,
en ella están escritas historias,
con sonrisas, lágrimas,
sudor y sangre.

Ella está erguida como un
monumento a los recuerdos
de un amor que comenzó
con dos almas pero que se
multiplicaron no en cuatro vidas
si no en veinte almas que hoy
escriben otras historias.

Hogar no son solo cuatro paredes,
pero las representa una casa
edificada en una calle cualquiera,
de un barrio cualquiera,
dónde las memorias van
desde amor, a dolor,
de tristeza a alegría,
de esfuerzo y valentía.

Recuerdos que impregnan en
cada fotografía que en la mente
permanecen, hogar ese lugar donde
se aprende a soñar, a jugar,
a abrazar, compartir, convivir,
dónde la vida pasa y se funde,
con inolvidables recuerdos de
la niñez, juventud y quizá la adultez.

Hogar donde amaste a tu familia
y también un día tuviste que aprender
a despedir.
hogar tu esencia, tú.

~ **Dolor** ~

Para dolores los del alma,
Esos no tienen cura ni calma.
Aprendes a sobrellevarlos
disfrazándolos con sonrisas,
que solo son parchecitos
que detienen la osadía
de vivir cada día,
una muerte inminente,
que aprendió a vivir dentro
de un corazón latente.

———————————

~ **Se Feliz** ~

Que nadie se atreva a
interponerse entre tú y tú,
si entre tú y tu felicidad,
esa que a veces crees que
está en manos de alguien
más pero no, solo tú posees
esa chispa inagotable.
Vive, sueña sonríe,
se jodidamente feliz,
porque te lo mereces,
solo por el hecho de ser tú.

———————

~ Impacto de Amor ~

Primero tomaré tu mano,
Luego te daré un beso,
de esos que te hacen
dar la vuelta al mundo
en un segundo.

Cerraré tus ojos con suspiros
que tu corazón generará,
al sentir los latidos del mío.

Será tal el impacto de
este amor que jamás querrás
 soltar mi mano, te aseguro
que este amor, más que ser
una ilusión será esa realidad
que siempre buscaste vivir,
en tu corazón.

Yo seré todo para ti,
como tú lo eres todo para mí,
desde el día que te conocí.

———————

~ **Amores** ~

Tú siempre me
aceptaste tal cual,
yo siempre,
te acepté tal cual.

Éramos dos locos,
que nos encontramos
para llenarnos de amor.

Quizá somos de esos
amores que llegan,
llenan y se van,
no lo sé, no estoy segura.

Lo que sí sé es que
me tocó vestirme
de cordura,
para fingir que no
estaba loca por ti.

____

~ **Loca Infinita** ~

Si alguien quiere enamorarse de ella,
que sea para siempre porque
merece ser amada completamente.

Ella merece un amor que comparta,
cada locura, cada lágrima incomprendida,
cada carcajada loca que le sale por
cualquier tontería, cada ceño fruncido,
cada abrazo, cada beso robado,
cada mirada de ternura,
cada caricia candente, cada risa inocente.

Ella merece eso bonito del amor,
porque el lado amargo ya lo vivió
y no necesita repetirlo.

Por eso hoy se dice,
llegó la hora de enamorarnos corazón,
si es tiempo de enamorarnos,
pero de enamorarnos de alguien que
realmente quiera locura en su vida,
de alguien que de verdad sepa que es querer,
en libertad y bonito, que de verdad quiera
a esta loca infinita en totalidad,
una loca que le amará hasta la eternidad.

———————————

~ **Solo tú** ~

Quisiera ser tu felicidad
infinita y que sonrías conmigo
como lo haces cuándo la luna
te visita.

Que tus ojos se iluminen
con ternura y tu corazón
se llene de dulzura solo
por sentir mi amor y mi ternura.

tú mi universo, tú mi mundo
tú mi todo, solo tú y nadie más.

———————————

~ Lluvia ~

Eres esa lluvia inesperada
de noviembre,
la que cae sin previo aviso,
pero cambia el ambiente
con el sonido repetitivo,
de las gotas en el suelo.
Llegas así repentina,
para mojar el corazón
con nuevas ilusiones que alimentan, sueños y
alma.
Estos ojos sonríen nuevamente
gracias a tus besos robados
y tus bailes alocados.
Llenando de te quiero esta vida
que solo sueña con ser el paraguas de tu corazón,
tú mi lluvia favorita.

———————————

~ **Mientras escribo** ~

Te siento tan cerca,
que tu respiración me
hace sentir escalofríos.

Tu aroma invade mis sentidos,
mi piel vibra al toque de tu piel,
tus latidos se confunden con los míos.

Te siento tan cerca,
que puedo tocarte a través
de la luz que traspasa,
la cortina de la habitación,
sintiendo de a poquito
el calor que genera tu presencia.

Te siento tan cerca,
que tus manos rozan mi mejilla,
cuándo el viento sigilosamente
se cuela por la ventana.

Estas tan cerca de mí,
como estas letras,
Mientras escribo.

———————

~ **Puntuación** ~

Eres el poema de amor
que decidí escribir,
para llevarte escrito en el alma,
cada frase, cada verso,
cuenta tu belleza.

Cada punto,
es un beso que anhelo
darte con amor y delicadeza.

Cada coma,
es una mirada que acaricia
dibujando tu piel
aterciopelada.

Cada punto y coma,
es un abrazo que quiero
darte cada mañana.

Los puntos suspensivos,
son momentos que
quiero dejarte,
para que cuándo
me pienses te roben
los suspiros y llenen
tu corazón y tu mente.

———————

~ Otoño ~

Eres una primavera hermosa,
que florece con los colores
del campo.

Eres un verano intenso e inolvidable,
que me llena de energía porque vibras
con alegría.

Inviernos muchos has tenido,
pero han sido tu mayor fortaleza.

Ahora eres un otoño espectacular,
porque así lo reflejas en tus ojos
avellanados, que a veces son
verdosos y otras veces color dulzura.

Tú cabello rojizo lo luce
y los besos de tu boca lo provocan,
ellos invitan a sumergirse en tu cuerpo
como esas hojas terracotas y dibujar
con ellas poemas en tu piel
con tintas de amor color miel.

———————————

~ **Fusión Perfecta** ~

La vida y la muerte,
son una pareja muy especial
quizá no vivan juntas pero se
aman.

Viven uno junto a la otra,
sin poder tocarse por momentos,
pero se besan con el último
suspiró de despedida
y se hacen el amor con
el primer halo de vida.

La vida y la muerte
amantes perfectas
de perseverancia y constancia.

Son tan distintas
y aun así juntas están,
se aman al alba y se abrazan
al anochecer.

Se toman la mano como
pactó de permanecer,
son la fusión perfecta
de amor eterno.

No sé si fue un sueño
o era real,
pero verles amarse
me llenó el alma,
me dio paz.

———————

~ Tú ~

La historia quizá sea
solo parte de la memoria,
porque no es lo que he
vivido es lo que he sentido.
Tú no tienes ni idea pero,
tú voz, electrificada mis sentidos
y veme soy un hombre que ha vivido.
Pero tú te has apoderado,
sin saberlos de todo mi ser,
te veo y me enmudeces,
mi piel se eriza y mis labios
se secan deseosos de besar
los tuyos.
Te escucho y mi corazón,
anhela tu presencia con tal
magnitud que siento desplomarme,
cuándo logro imaginarte.
Tus labios han besado los míos,
solo con dibujarlos en la mente.
Tengo grabado el olor de tu cabello
en mis manos, sin tocarte,
el color de tus ojos vive eternamente
en los míos,
porque logro verte a la distancia.

Lo único que se,
es que desde que te vi,
mi corazón fue derrotado
desarmado totalmente con
la magia de tu ser.
Mi estrella, mi luna bella,
la única que tiene el poder
de hacer de mi un rey o
un mendigo del amor o del
olvido.

———————

~ Amada ~

Eres ese verso favorito,
que escribo sin razón,
solo con la esperanza
que un día llegue a tú
corazón.
Verso que lleva lo mejor
de mí para ti, que lo mereces
todo.
Mi vida eres tú aunque hasta
hoy no te des por enterada,
eres la dueña de mis suspiros
y de mis madrugadas.
Mi bella amada eres y mi alma
se ha convertido en tu esclava,
esclava de tus ojos y de tu
hermosa mirada.

~Le vio partir ~

Le vio partir,
como quien ve al sol
ocultarse en el horizonte,
y solo decidió convertirle
en verso para no olvidarle.

La despedida fue
una simple cortesía,
que no merecía y aún así
con una sonrisa se le dijo
adiós.

Se quedó solo con la pluma
y un papel haciendo,
de esa historia una poesía
para recordar y en ella guardar
todo el amor que no pudo olvidar.

———————

~ Tatoo ~

Más que tatuarse la piel,
fue tatuarse el alma.
Se tatuó el recordatorio
perenne de saberse
recipiente.
De aceptarse y reconocerse
valiente, sobreviviente,
cada día de batallas que
muchas veces sintió pérdidas.
La vida le mostró que era
un roble digno de admirar
de amar y de habitar.
Nunca más sintió miedo
porque ahora ya no corre
ahora vuela con sus alas
recuperadas con cicatrices si,
pero más fuertes que nunca,
porque cada herida es un
recordatorio de lo feliz que
puede ser.

———————

~ **Catalizador** ~

A un minuto de ti
Quiero estar,
atrasé mi reloj porque
solo quiero observar.

Quizá deseo ser solo un
amor catalizador,
provocar en ti la catálisis
de estar junto a mí.

Mientras tanto me quedo
a un minuto de ti,
solo observando lo maravillosa
que eres aunque aún no logres
verme.

Aún minuto de ti quiero estar
y disfrutar de tu sonrisa,
esa que me ilumina la vida.

Solo un minuto de tu vida
necesito para mostrarte
la eternidad que provocasen la mía,
escribiendo en mi alma,
letras como en un libro
de historias sin fin,
solo con tu presencia.

———————

~ **Cama** ~

Llega la noche y ella me espera,
me llama, me seduce y me abraza.
Pero inexplicablemente
se convierte en un espacio
vacío porque tú no estás.
Extraño el calor de tu cuerpo,
el olor de tu pelo y el roce de
tu piel.
Las almohadas son testigos
mudos de la soledad que
abraza fuerte.
Después de tanto pensar
de leer, de dar vueltas por
la cama Morfeo por fin
se acerca y arrulla los
desvelos aunque solo sea,
por lapsos pues despierto
con sobresalto de ausencia
de ti.
Nuevamente el sueño
viene y con amor cierra
mis ojos.
Ya no soy la misma sin ti,
extrañar es el precio más
alto que me ha tocado pagar,
tarde lo comprendí.
Ella y él

———————

~ **Convénceme** ~

No sé qué me matará
primero, si tu mirada,
tu sonrisa o tu piel.

No importa cuál me
sorprenda al inicio
el corazón,
si te acercas con esa
seguridad y ese fraseo
de palabras seguro que
mi atención lograrás.

Atrévete, convénceme
y puede que las miradas,
sonrisas y quizá las caricias
que a granel solicitas,
puedas lograr.

Y quizás el no, logres
convertir en sí.

____

~ **Soltar** ~

Le extraño tanto,
le quiso tanto,
le soñó tanto,
le imaginó tanto,
le anhelo tanto,
que el corazón simplemente,
colapso a eso llamado amor
y un dia simplemente,
le dejó partir sin nada más que decir.

Se volvió vacío y sombrío por un tiempo,
se negó a amar y lloró como nunca,
luego solo se dejó llevar por un
callejón estrecho.

No vio la luz y se condenó a si mismo
como castigo por amarle,
luego volvió en si y fue capaz de soltar,
entendió que él había sido mejor que nadie,
porque sintió amor y amor del bueno,
aunque haya sido su peor veneno.

Sobrevivió a esos dolores
encontró la cura en el silencio y
la soledad que le invadió,
hoy ve la luz en la noche obscura
y se repite a si mismo tranquilo
ya llegará un amor que te ame
con la intensidad que te mereces
y llenará con creces todo vacío
que un día te dejó ese amor que
no te valoró.

———————

~ **Bésame otra vez** ~

Mi boca se enamoró
de tus labios,
mis ojos de tu forma
de sonreír y mi alma de
tu forma de sentir.

Ven y bésame de tal manera
que ya no quieras huir,
que solo en mis labios
quieras vivir.

Bésame y juntos vamos
a sentir que en un solo
beso podemos morir.

Ven y bésame otra vez,
con todo ese amor
que nos hace soñar y sentir.

———————

La prosa poética.

La prosa es el arma de un poeta para resarcirse de los cánones y desarrollar todos los sentimientos sin más pauta que la que dictan sus sensaciones. La prosa es poesía también.

~ **Éxtasis De Pasión** ~

Ella escritora soñadora y romántica,
él lector frecuente de sus post,
pues le atraía incontrolablemente,
lo que ella escribía.

Ya eran varios meses que él le leía
y cada día era más el deseo que
le invadía.

Ella vive sola con sus letras
y su fiel imaginación.

El un lector fehaciente,
que deja comentarios
que a ella le hacen suspirar,
no se conocen, no se frecuentan,
pero un día sucedió lo inesperado.

El como siempre leyó lo que ella escribió,
su escritura lo encendió y este mensaje envío,
con palabras muy elegantes le dijo,
bella dama yo quisiera ser,
ese hombre que le desnuda el alma,
el que le come la piel y la acaricia como
a una rosa delicada y maravillosa,
besar sus labios quisiera y no precisamente

los de su boca, besarla entera quisiera
y volverla loca de pasión es lo que anhela
mi corazón.

Ella al ver el comentario solo se lo imaginó,
no era el primero que recibía pero éste
la transformó y en un delirio de pasión quedó.

Llegó a su alcoba y no resistió,
tomó una ducha y lo imagino,
se acostó en la cama y con sus dedos,
lentamente se tocó,
sentía tan rico el movimiento que
inevitablemente se proyectó,
lo vio a él introduciendo su lengua
en su placer haciéndole sentir
pasión y lujuria pues su lengua imaginaria,
eso le provocaba.

Ella ya no pensaba en nada
únicamente disfrutaba de aquel
momento que él con sus comentarios
le regalaba.

Ella se exploraba, se amaba,
e imaginaba como lo haría él,
la sensación de éxtasis era indescriptible,

gemía y soñaba era un delirio sin fin,
la excitación de ser poseída era exquisita,
que solo le apetecía gritar y pedir más.

Así pasó el tiempo y al terminar húmeda
y agitada solo cerro los ojos y durmió,
agradecida con aquel extraño que le
devolvió el placer al hacerla vibrar otra vez.

———————

~ **Quería** ~

Soñé tantos días con volverte a ver,
que la vida casi se convertía en agonía,
bueno para ser sincera fue una agonía.
Pensarte, soñarte, desearte, imaginarte,
realmente era emocionante,
pero simplemente te olvidaste
o te asustaste no lo sé,
en realidad escribo la historia de este lado del corazón
porque de tu lado nunca supe la verdad.
Quería brillar contigo,
quería llenarte de luz,
quería sonreír con tu sonrisa,
quería ver con mis ojos todo aquello que prometiste.
Encontrarnos por primera vez en el aeropuerto,
darte ese primer abrazo tan deseado y anhelado,
llegar a tu apartamento tirar las maletas y amarnos como
locos como si mañana no existiera.
Bailar, reír, comer, amarnos nuevamente y amanecer
acurrucados uno al lado del otro,
como si la eternidad existiera aquí y ahora.
Bueno eso quería pero se quedó en quería,
porque el hilo rojo no existía,
porque el deseo no bastó y tus ganas no alcanzaron para
arriesgarte en el amor.

———————

~ **Eclipse de sol bajo una lluvia de estrellas** ~

Sonrisa en su rostro, una mente inquieta, un corazón
temeroso, una nariz de payaso en el bolsillo de su
chaqueta.

Enamorado de la luna,
la busca donde quiera que va,
así comienza esta historia de dos almas
que caminando por la calle van,
sin afán de encontrarse,
desde otras vidas se encuentran.

El sol tan tímido piensa en esa chica
que por meses ha observado
y que de su belleza está prendado,
se pierde en sus ojos marrones,
en su sonrisa tan bella, sueña con besarla
y tomar entre sus manos su cabello largo
y ondulado quisiera.

Una tarde cualquiera,
la luna caminaba triste,
llorando corría hacia el café de la plaza,
bajo una lluvia de primavera y al verla
tan triste el sol corrió tras ella.

Teniéndola enfrente saco su nariz de payaso,
se la puso, ella al verle se sorprendió,
él la tomó de las manos y sus ojos se iluminaron, la luna al
verlo con tanta ternura solo supo besarlo, bajo una lluvia
de primavera con un sol de verano.

Aunque no había música bailaron,
porque es así como él sol ama a su luna bella
y la seguirá queriendo por todas las vidas que quedan.

Entre abrazos y besos una lluvia de estrellas
se formó para vivir por siempre un amor que
desde otras vidas los encontró.

———————

~ **Muerte** ~

Eres un simple lirio en un campo de invierno,
estas sobreviviendo las adversidades
de la vida.
Valiente lirio que permaneces plantado,
agarrado con todas tus fuerzas
a la tierra y a la vida, queriendo no soltarla,
sin darte cuenta que aquí nada,
permanece para siempre.
Oh, bello lirio has dado tus más
hermosos colores en primavera
y a veces has permanecido hermoso
hasta otoño, aún hoy en invierno te mantienes,
quizá no tan bello, pero aquí estás.
Amada dama has llegado a mis varias veces
y de mi te has complacido solo tengo
una petición y esto te pido.
Si un día decides visitarme,
hazlo de frente y llévame rápidamente.
Porque el dolor que sentiré no será,
el que me cause tu llegada,
el dolor que sentiré, será el de marcharme
de este campo sin haber visto nuevamente,
los ojos del sembrador que me plantó.

Querido lirio solo te diré una cosa
me gusta visitarte porque siempre
te mantienes firme, pero hoy llegó el día
que tienes que irte,
no sufras por el sembrador,
el hace tiempo se marchó conmigo
y como tú se fue con el dolor de no haber
venido a verte pero ahora ven,
feliz conmigo que él nos espera.
Hoy lirio, sembrador y muerte
juntos vivirán eternamente,
felices dónde quiera que
se encuentren.

———————

~ **La Catrina Me Visitó** ~

La Catrina muy apenada
llegó a mi casa cansada
De tanto viajar,
me dijo en este sofá
me he sentado porque
quiero platicar.

De qué quieres platicar Catrina,
le dije yo sin hacerla esperar.

Entonces me lanzó el discurso
y sin más que preguntar me dijo,
tus letras son hermosas y tú eres
puro corazón pero te ha llegado la hora y al panteón
tendrás que acompañarme hoy.

Entonces yo le dije,
Catrina no seas mala
que ya te llevaste a @azul.nocturno,
por favor danos otra oportunidad
y déjanos en este mundo.

Que todavía queremos platicar
y hasta un tequila tomar,
te invitamos a la fiesta donde
México y Guatemala se van a juntar,
seguro te va a encantar,
nos echamos los tequilas,
enchiladas y unos tacos,
Fiambre, pan de muerto y otros
manjares, tú no te preocupes pues tu preciosa figura vas a
conservar.

Qué dices Catrina hermosa
aceptas este trato que te ofrezco
y hasta un rato más te dejo
descansar.

La catrina ya maleada
no me quiso contestar,
pero con su mirada profunda
me dijo en silencio,
Oye tintas, contigo vale la pena
negociar....

———————————

~ **Quería** ~

Soñé tantos días con volverte a ver,
que la vida casi se convertía en agonía,
bueno para ser sincera fue una agonía.
Pensarte, soñarte, desearte, imaginarte,
realmente era emocionante,
pero simplemente te olvidaste
o te asustaste no lo sé,
en realidad escribo la historia de este lado del corazón
porque de tu lado nunca supe la verdad.
Quería brillar contigo,
quería llenarte de luz,
quería sonreír con tu sonrisa,
quería ver con mis ojos todo aquello que prometiste.
Encontrarnos por primera vez en el aeropuerto,
darte ese primer abrazo tan deseado y anhelado,
llegar a tu apartamento tirar las maletas y amarnos como
locos como si mañana no existiera.
Bailar, reír, comer, amarnos nuevamente y amanecer
acurrucados uno al lado del otro,
como si la eternidad existiera aquí y ahora.
Bueno eso quería pero se quedó en quería,
porque el hilo rojo no existía,
porque el deseo no bastó y tus ganas no alcanzaron para
arriesgarte en el amor.

~ **Poema** ~

Somos un amor libre, un amor sin ataduras,
un amor sin contrato, un amor amor.
Mantengo una relación abierta con el sentimiento,
me desbordo en libertad con los versos,
las estrofas, dánzanos al compás de la rítmica,
aunque a veces omito la métrica.
Las letras tocan al corazón
y van formando con ellas,
olas acentuadas en el océano
del pensamiento.
El Amor cabalga salvaje por las praderas,
disfrutando de la brisa y el aroma del campo abierto.
Viajo por el universo y toco las estrellas, le doy la vuelta al
sol y hasta en un cometa me duermo,
vivir de este amor satura
mi alma de energía y sutura las heridas que el tiempo
dejó.
Hoy son hermosos tatuajes que
se muestran al mundo sin vergüenza porque la poesía les
sano.
Somos poema y corazón que en vida e historia se
transformó
y ahora viven el idilio más hermoso,
que jamás esta vida imaginó.

———————

~ Posesión ~

Jenny era una niña aun cuando la visitaban ella no
entendía lo que le pasaba, lloraba en su habitación, se
acurrucaba en la esquina del mismo, aterrorizada, por el
miedo que le causaba aquella sensación de frio gélido que
la tocaba.

Llamaba a gritos sus padres, pero ellos simplemente la
veían, la abrazaban y la dormían, luego se retiraban y sola
la dejaban.

Realmente no eran tan responsables con ella pues le
suministraban un somnífero y de ella se olvidaban
llevaban bastante tiempo con esta situación y ellos
buscaron el camino fácil con el medicamento.

Ella a pesar de su corta edad entendía, que lo que veía no
era una mentira, pues este ente lo que quería era su
cuerpo, para volver a este mundo.

Pasaron los años y ella había encontrado ciertas claves
para evitar que el espíritu la atormentara, cosas clásicas
como un crucifijo o sal, tierra de muerto en la puerta, ajos
etc. todas esas cosas que las personas dicen.

Un dia de tantos sucedió lo inevitable el espíritu logro
ocupar su cuerpo y ella que ya no era tan niña se
transformó.

Salió de su casa a la escuela y allí sucedió lo inimaginable
sintió un escalofrío y ya no supo nada, la había poseído

Laura, una estudiante antigua de la escuela, ella fue en busca de una maestra la cuál había sido compañera de este espíritu años atrás y le había hecho sufrir a tal punto que un día la mató y nadie se enteró.

La muerte fue tomada como accidente pero ella aun después de la muerte nunca la olvidó.

Después de buscar y encontrar a la profe sintió una impotencia enorme porque ella estaba allí en la misma escuela donde un día le quito la vida, disfrutando de la vida que ella hubiese querido,

este espíritu solo tenía un problema y era que pasadas cuatro horas ya no podía estar en el cuerpo que ocupaba además el cuerpo tenía que tener ciertos elementos energéticos entre estos el rencor y Jenny los poseía de más lo que le hacía el canal perfecto para volver.

———————

~ **Posesión II** ~

Jenny ya tenía 17 años y este sufrimiento, este acoso
infernal era insoportable para ella el dolor que sentía
todos los días la mataba lentamente, cada día se sentía
más muerta que viva.

Angustiada vivía a la sombra de su mirada perdida, llego
casa y no entendía que había pasado, pasaron los días y
cosas más extrañas sucedían, se vestía de una manera al
verse al espejo otra mudada tenía,

Jenny no sabía cómo escapar

de aquella cárcel que en su mente mantenía.

El miedo la invadió y en un instante la fulmino de un
golpe al pecho porque el impacto de las posesiones era un
hecho.

Jenny se observó inerte por un instante tirada en el suelo,
se hacia la pregunta de regresar o no a esa cárcel que la
absorbía

lentamente día a día y la mantenía en constante agonía.

No quería regresar se sentía tan libre tan ella que solo
quería seguir allí en esa paz aparente.

Pero a Laura le era imposible dejarla morir es su etapa
más débil volvió a poseerla y aprovecho el tiempo, en un
instante los sentimientos de Laura y Jenny se fusionaron
Jenny ya en total posesión tomo en sus manos el arma de

su papá, le esperó pacientemente y al verlo llegar y cruzar la puerta le disparó y lo mató, la madre al oír los disparos llegó corriendo a la entrada de la casa y le gritó que has hecho, Jenny al verla acurrucada sobre el cuerpo inerte de su padre le dijo con voz sarcástica tienes miedo, la madre la vio y Jenny también la mató.

———————

~ **Amor** ~

Era una conversación común,
hablaban sobre lo difícil que
era enamorarse.
Alguien decía,
yo la verdad no nací para amar,
cada vez que entrego el corazón
terminó llorando y con un vacío
horrible.
Otro decía,
a mí me ha tocado ilusionarme
y qué lindo he sentido pero al final se ha vuelto una gran
decepción.
Yo he amado intensamente y
al final ha sido lo mismo,
promesas sin cumplir,
Ilusiones y palabras que llenan
solo por instantes,
amores que al final han sido
dolor y soledad.
Bueno al final de la conversación
Amor, Cerebro y corazón dieron
su magistral conclusión y dijeron
lo siguiente.
Cerebro y corazón estaban absolutamente convencidos
que enamorarse ya no era necesario entonces amor les
dijo:

No me busquen más mejor deja
que el amor marque tu vida,
contra todo pronóstico,
porque si limitas tu existencia
al miedo jamás llegarás a conocerte.
Así que amate intensamente
y cuándo logres hacerlo sabrás
que el amor es lo más bonito de
la vida.
Y no habrá, desilusión, dolor, tristeza o soledad que
vuelvan
a invadirte porque el amor propio
será tu fuerza y tu bandera para
reconocerte como el gran corazón que eres.
Ama, vive, sueña que eso
te llenará de vida y todo lo que
has querido llegará a ti sin medida.

———————

~ **Inquebrantable** ~

Eres mi otoño favorito,
eres el color terracota que
adorna el paisaje,
eres esa brisa de noviembre,
que revuelve mis cabellos,
eres tú solamente tú,
lo que yo quiero.
Solo tú llenas mis desvelos,
con suspiros y mis amaneceres, con sonrisas,
de esas que permanecen eternamente en el corazón
y se manifiestan en una mirada disimulada en mi rostro,
al recordarte.

Te llevó junto a mi todas las estaciones del año,
pero en otoño vuelvo a abrazarte sentada aquí bajo este
árbol, testigo de nuestro amor,
Inquebrantable.

A ti mamá.

————————

~ **Mujer** ~

M iras al frente sin temor,
Unges tu vida con amor,
jamás te rindes, esperas ser mejor cada día,
reconocerte feliz es tu meta.

Para todas esas mujeres trabajadoras, creativas, hacedoras
de sueños, creadoras de su propio destino, esforzadas,
amorosas, luchadoras incansables, que dejan a un lado sus
propios miedos por dejar huella.

Que no dañan a nadie para alcanzar,
sus metas y no dejan que las dañen,
porque no callan.

Que no ven en nadie sea hombre o mujer recelo, por el
contrario si pueden ayudar ayudan y si ven a alguien
haciéndole daño
a una de ellas, la auxilian.

De espíritu libre, que son perlas que brillan intensamente
dónde quiera que se encuentran
y defienden su libertad cual tormenta impetuosa.

Guerreras de la vida eso somos,
mujer de valor incalculable esa eres tú.
esa soy yo.

———————

~ **Carta de Amor** ~

Hola mi amor,
Quiero contarte que últimamente
mi corazón se siente en una nube
de algodón, si en una de esas que
en los cielos de verano aparecen
y son esponjositas y blancas.

Cuándo Te veo me siento como
los gif de las aplicaciones,
los corazones se me salen por la cabeza.

Quizá nunca te habían escrito,
una carta de amor tan loca como la mía,
dicen que esas cosas ya pasaron de moda,
pero yo creo que esas lindas cosas,
jamás deberían perderse.

Me ha encantado el proceso me fui a
la papelería busque con mucha ilusión
el block de hojas ya sabes me gustan
decoradas, así de cursi ja, ja, ja.

Sé que sonreirás cuándo la leas y quizá
se escape un suspiró de tu corazón,
cuándo sientas el aroma de mi perfume,
ese que rocíe sobre la hoja con la intención,
de que me recuerdes y nunca me olvides.

Sinceramente a mí no me importa
Escribir lo que tú me haces sentir
el problema es las palabras no son suficientes para decirlo,

Mi carta de amor es breve pues lo único
que quiero que sepas es que te quiero
y te quiero muchísimo.

Tanto que te sueño despierta y desesperó
por abrazarte y besar esos labios que me
suben al cielo.

No sé si te enteras pero has logrado
hacerme sentir, ese amor dulce
y empalagoso, ahora soy feliz
y eso me hace quererte cada día más.

No necesito una fecha para decirte que
mi corazón se ha vuelto canción gracias
al amor que me has sabido dar.

Gracias Amorcito mío, corazón de cielo,
vida de mi vida, amor de mis amores,
esperó que cuando esta carta sea abierta
aún tengamos tiempo para amarnos
con la libertad que siempre soñamos.

Att.
Corazón enamorado.

———————

~ **Mi Ángel** ~

Apareciste como una estrella
en medio de mi obscuridad,
fuiste la brújula que me guio
por mi penumbra.

Tienes cuerpo y es humano
pero tus alas ante mis ojos,
no se pueden ocultar porque
ellas me suelen abrazar.

Eres mi ángel y no sé cuánto
tiempo a mi lado puedas estar,
tome la decisión de amarte,
así sea un minuto o una eternidad.

El mundo dice que es imposible,
que tu mundo y mi mundo no combinan,
pero desde que te vi te fundiste con
mi alma y eso no se puede cambiar.

Ángel tú conoces mi destino
guardas mi camino y cuándo
derrotado o perdido me siento
sé que puedo contar contigo.

Que yo soy norte y tu sur,
eso es cierto pero que es imposible
para el amor, dímelo tú.

No sé si soy un necio por amarte,
no sé si la Deidad quiera evaporarme,
pero si lo hace me disiparse feliz,
si tan solo una noche a tu lado estoy
y me dejas amarte.

Si muero por ti,
cumpliré mi misión sin remordimiento,
porque amarte es y será mi único argumento,
sin más que decir me rindo a tus deseos,
ámame por un segundo y yo te amaré
hasta irme de este mundo.

Mi ángel tú, tu ángel yo.

———————

~ **El Tiempo Dirá** ~

Almas errantes,
almas nómadas,
almas distantes.

Vagaban sin rumbo fijo
gracias al desamor que sentían,
sonreían pero no existían,
se sentían muertas en vida.

Un día el día llegó,
seguían en la ruta de la vida
vivían por vivir sin rumbo fijo
ni ilusión alguna, solo existían.

El tren fue el cómplice del destino,
la ventana del boletaje la casualidad
Y unas monedas rodando en el suelo,
la pizca de suerte.

Ella como muchas mujeres siempre
con las manos llenas, entre bolso de compra,
Bolso de mano, algunas flores y un libro,
buscaba efectivo para comprar su boleto
y entre tanto en las manos se le caen
las monedas de la mano.

El viene hacia la taquilla y la ve refunfuñando,
le sale un leve sonrisa cuando ve las monedas
rodando hacia sus pies, las piza para que no se
escapen.

Ella lo ve con un periódico en la mano,
jeans y una camisa a cuadros y ve esa
sonrisa que le roba el aliento, rápidamente
le dice:
- ey esas monedas son mías.
Él le responde:
- si lo sé vi cuándo las dejaste caer.
- ella se sonroja y solo alcanza a asentar con la cabeza.
Él le dice:
Te ayudo y ella contesta gracias.
Han transcurrido seis meses y algo floreció,
hoy es su aniversario y él le dice:
El amor llegó se instaló,
ahora solo faltas tú y si te quedas qué.
Ella lo ve y responde créeme si un día decides
irte te dejaré partir sin preguntar porque hoy decido
acompañarte, acompañarnos,
compartir contigo amarnos,
el tiempo dirá cuánto durará
este amor que hoy nos une así que aquí me quedo a tú
lado
sea un minuto, una hora, un mes,
un año, un siglo o una eternidad.

———————

~ **Libros** ~

Libros de ellos mucho que decir,
son portales maravillosos a otras
realidades que nos hacen sentir,
vibrar, soñar e imaginar.

Libros somos todos con,
diferentes portadas,
diferentes sinopsis,
diferentes historias.
diferentes pero interesantes a la vez.

Libros que nos tocan el alma con sus letras
a veces ni siquiera están físicos, pero navegan
por la red, nos llenan de sentimiento,
nos hacen vivir, nos hacen pensar,
nos hacen soñar, nos transforman la vida sin preguntar.

Los libros nos llenan el alma, la vida y el corazón
y créeme aunque a veces solo se juzguen por
la portada, no te dejes engañar porque si
te tomas un tiempo y le abres seguro con alguno lograrás
conectar.

Él se convertirá en un amor que no querrás,
dejar de admirar y abrazar porque con cada
letra te hará experimentar. sensaciones que no puedes a
simple vista imaginar.

Libros grandes, pequeños, anchos, delgados,
de colores o blancos y negros,
no importa cómo se vean, un libro siempre
será un universo que querrás explorar.

No te pierdas la oportunidad de tener
uno entre tus manos ya sea en físico o digital,
busca a toda costa darle a tu mente el alimento que solo
en los libros y las letras encontrarás.

Los humanos somos libros,
algunos abiertos, otros misteriosos,
unos de entrega, otros de superación,
unos de suspenso, otros de emoción,
algunos te harán soñar y otros te enseñarán a amar,
algunos otros te harán llorar o reflexionar,
pero al final todos los libros te ayudarán a
crecer y a veces hasta perdonar.

Libros lugares mágicos que en páginas te hacen, volar.
Algunos libros tienen nombres
como estos hermosos que en esta vida por casualidad o
destino logré encontrar.

———————————

~ **Amores** ~

Hay amores que son como navajas afiladas,
te cortan de a poquito la respiración y de repente, sin
escapatoria te encuentras.

Hay amores que son como la miel,
puedes beber de ellos y saciar tu necesidad
de dulzura, pero cuándo se terminan te dejan
la más amarga hiel de la tristeza.

Hay amores que se convierten en sonidos,
de esos que aceleran al corazón y una sonrisa
en automático te dibujan todo el día,
porque son como vitaminas al alma.

Hay amores que son como oasis en el desierto,
a veces te salvan la vida y otras veces te la quitan, porque
solo son un espejismo.

Hay amores que son como nubes,
llegan en aquellos días intensos,
dónde la soledad te quema, te abraza
sin piedad ni pena, entonces ellos se posan
sobre tu corazón para darte un pequeño
suspiró y un respiro de una satisfactoria
sombra.

Y hay amores como el tuyo,
ese que crees jamás encontraras,
ese con el que coincidir es conectar,
pero casi siempre, hay un pero.

Por ejemplo tú no tienes la libertad,
que mis ganas necesitan y aun así,
decidí volar en el cielo de tu mirada.

Quizá un día todo vuelva a ser como antes,
si así, como tú eras antes de mí y yo
antes de ti.

Quizá solo nos volvamos un recuerdo,
que al recordar nos haga llorar con una
sonrisa dibujada en el rostro, porque existió.

Quizá seamos esa realidad que jamás
se podrá concretar pero que en el alma
permanece y vivirá como una verdad por siempre.

Hay amores que aunque llegan fuera
de tiempo, nunca se van y nunca se olvidan.

———————

~ **Romance** ~

Se encontraron por asares del destino
sin saber que el amor les calentaría el camino, sus miradas
chocaron frenéticamente, esquivarlas no fue la opción él
la miró y sintió un escalofrío, ella le vio y su piel se erizo,
era un buen comienzo pensaron.

Ya habían pasado varios meses cuándo esta cita
concretaron él paso a recogerla a la oficina ella con su
blusa blanca de botones, falda negra, gafas y tacones, él
camisa a cuadros, jeans, reloj en mano y botas, al verse
una leve sonrisa nerviosa entre los dos surgió.

Comieron, charlaron y al paso de las horas en
una habitación se encontraron, ella estaba sorprendida
pues el realmente se había esmerado.

El lleno de velas aromáticas y rosas la habitación, vino
chocolate y fresas se veían en la mesa, ella se sentía diosa
pues él le trataba como una.

La abrazo por la espalda y le dijo al oído, hoy te haré el
amor, hoy tú eres mi reina, hoy no solo desnudare y
comeré de tu cuerpo, sino llenaré y saciare tu alma porque
mi alma te ha buscado y por fin te ha encontrado.

A ella su cuerpo se le erizo y en automático se giró, le vio
a los ojos y lo beso y le dijo: yo, seré toda tuya, mi entrega
será total no lo dudes porque te deseo.

El delicadamente su blusa desabrocho sin dejar de mirarla a los ojos, ella de igual manera suavemente lo desvestía y con besos y caricias, se sentían.

Los complejos cayeron al suelo junto con la ropa y amarse era la única misión, ellos se besaron hasta la sombra del alma y ambos lo disfrutaron.

Ella se dejó llevar, se dejó amar, los besos y caricias que él le daba la hacían gritar, él la amaba con locura y los gemidos que ella emitía con cada embestida lo hacían enloquecer y lo único que deseaba era que ella quedara extasiada de él.

La entrega fue tan sublime, pasional, excitante, erótica, placentera y de total conexión que a pesar del tiempo el amor los sigue uniendo.

Porque este encuentro no fue solo buen sexo, fue coincidir, conectar y vibrar en una energía cósmica que los lleno de paz, fue el romance perfecto entre cuerpo, alma, espíritu y corazón.

Está es una historia nueva viva de romance y pasión.

———————

~ El Tiempo Dirá ~

Almas errantes,
almas nómadas,
almas distantes.

Vagaban sin rumbo fijo
gracias al desamor que sentían,
sonreían pero no existían,
se sentían muertas en vida.

Un día el día llegó,
seguían en la ruta de la vida
vivían por vivir sin rumbo fijo
ni ilusión alguna, solo existían.

El tren fue el cómplice del destino,
la ventana del boletaje la casualidad
Y unas monedas rodando en el suelo,
la pizca de suerte.

Ella como muchas mujeres siempre
con las manos llenas, entre bolso de compra,
Bolso de mano, algunas flores y un libro,
buscaba efectivo para comprar su boleto
y entre tanto en las manos se le caen
las monedas de la mano.

El viene hacia la taquilla y la ve refunfuñando,
le sale un leve sonrisa cuando ve las monedas
rodando hacia sus pies, las piza para que no se
escapen.

Ella lo ve con un periódico en la mano,
jeans y una camisa a cuadros y ve esa
sonrisa que le roba el aliento, rápidamente
le dice:
- ey esas monedas son mías.
Él le responde:
- si lo sé vi cuándo las dejaste caer.
- ella se sonroja y solo alcanza a asentar con la cabeza.
Él le dice:
Te ayudo y ella contesta gracias.
Han transcurrido seis meses y algo floreció,
hoy es su aniversario y él le dice:
El amor llegó se instaló,
ahora solo faltas tú y si te quedas qué.
Ella lo ve y responde créeme si un día decides
irte te dejaré partir sin preguntar porque hoy decido
acompañarte, acompañarnos,
compartir contigo amarnos,
el tiempo dirá cuánto durará
este amor que hoy nos une así que aquí me quedo a tu
lado
sea un minuto, una hora, un mes,
un año, un siglo o una eternidad.

———————

~ Árbol Navideño ~

Cuando era niña no había nada que evocara
más la navidad que el Árbol Navideño.

Para nosotros los niños era la noche más esperada, era el
día en que papá Noel o Santa Claus, nos traería lo que
tanto habíamos anhelado durante todo un año.

Recuerdo que la navidad más feliz en mi memoria fue una
cuándo tenía quizá como 10 años, en esa ocasión el árbol
no era frondoso, era un simple chirivizco pero era lo más
hermoso, para mí.

El significado de navidad por primera vez
era el correcto, pues mi papá volvería del extranjero,
después de varios años de ausencia, para pasarla con
nosotros en familia.

Amaba a mi papá, ese año no me interesó
si el árbol en casa era el más bonito,
solo quería recibir un abrazo de mi papi
al cuál amaba y extrañaba mucho.

Navidad una fecha llena de contrastes pero que al final de
todo se centra en un solo sentimiento el amor.

No sé cuál sea la navidad que más recuerdes pero yo amé
esta por allá en los años 80", fue la que más disfrute pues
mi papá nos trajo regalos, (ahora lo sé, antes de eso creí
que era Santa).

Mi papi nos trajo el estreno para salir a chirrear,
los juguetes que mis hermanos pidieron y a mi
la ropa que siempre quise, salimos con los amigos y
quemamos la pirotecnia, fue genial.

Hubieron otras navidades pero ninguna se comparó jamás
a esa, esa dónde conocí la felicidad completa porque nadie
faltó a la mesa, la familia estaba completa, los amigos
también y la cena fue espectacular.

Esa fue la navidad soñada, esa que fue perfecta y no lo
sabía hasta años después.

Este año peculiar que hemos vivido solo puedo dar
gracias porque hoy estoy viva y quizá falten muchos a mi
mesa, porque ya no están físicamente pero siempre están
en el recuerdo y corazón.

Disfruta cada instante porque quizá hoy sea
la navidad perfecta para una niña o niño que
ve el hoy con el verdadero valor a celebrar
el nacimiento del amor en nuestro hogar.

———————-

~ Mar Azul ~

Recién hemos salido de una fuerte tormenta, apenas y estamos recuperando fuerzas, yo soy Dalila tripulante de este barco de regular tamaño donde comercializamos mercadería para diferentes pueblos, la noche ya nos arropa y yo me siento en la popa del barco pues soy la única mujer acá el destino me colocó acá al lado de estos hombres guerreros, luchadores que buscan un mejor futuro para ellos y los suyos.

Bueno estoy acá acompañada de una armónica y mi libro de proezas dónde cada día anotó mi bitácora de vivencias, la luna y las estrellas hoy son mi compañía, las veo, las admiro y lanzo hacia ellas mi amor, pues a quien amé el mar se lo llevó.

Recién empiezo a tocar una melodía cuando escucho un estruendo, - oh no un barco pirata nos acecha y es el del temible y sangriento Robert el pirata más voraz de este mar, yo corro y alertó a mis compañeros nos preparamos para la batalla, pero mis compañeros me sugieren quedarme tras un cofre dicen que no me exponga, yo quiero luchar con ellos, sin embargo me dicen, quédate allí que si no sobrevivimos nosotros, al menos tú podrás avisar a nuestras familias.

Yo estoy alerta y de repente nos abordan, nos muestran su poderío y nos dicen no queremos matar a nadie pero necesitamos provisiones, Alex un compañero ataca y detrás de quién habla aparece Robert el pirata y le dispara

fríamente a Alex y repite, no quiero matar a nadie más
solo colaboren y no pasará nada les daré la vida como
premio, yo estoy impactada Robert realmente es muy
culto y amable al dirigirse a notros un hombre alto, pelo
largo, facciones marcadas brazos fuertes manos agiles,
realmente muy atractivo, yo sigo oculta pero
un subordinado de Robert me encuentra y grita una
mujer, todos me ven con ojos de lujuria y yo tengo miedo
de que pueda pasarme, el capitán de mi barco le dice a
Robert ella es un compañero más no le hagan daño por
favor, yo estoy llorando, entonces Robert me ve y me
dice, cómo te llamas, yo tiemblo y con voz entrecortada le
digo son Dalila, tripulante de Mar Azul, así se llama mi
barco.

Él me dice eres una mujer muy bella, prometí no hacerle
daño a nadie y si tú me das lo que quiero todo estará bien,
yo lo veo y no puedo ocultar, ni mi temor, ni mi atracción
hacia él ya viéndolo frente a frente es mucho más alto de
lo que calcule, sus ojos tienen una mirada de añoranza y
su voz uff su voz me encanta.

Él me dice Dalila siéntate acá conmigo y conversemos,
mientras él y yo conversamos bajo aquella luna llena y esa
noche estrellada todo lo demás transcurrió sin violencia y
yo me repetía en mis adentros si hoy es mi último día
quiero morir de amor con este pirata que me robo el
corazón.

———————

~ Destino ~

Caminaban por la calle de aquella ciudad que por
momentos era una paz inigualable y otras veces una selva
salvaje.

Ellos dos extraños con rumbos distintos pero la misma
meta, no lo sabían, ni lo buscaban
pero el destino si lo pensaba.

Ella caminaba y pensaba si encuentro algún día el amor le
amaré de tal manera que le haré lo que a nadie le hice,
tengo planeado en mi mente el cuadro perfecto de amor
porque me arriesgare pues no quiero irme de este mundo
sin ser amada y haber amado como se debe, con todo, sin
miedo, sin prejuicio, te amaré hasta llorar de felicidad por
compartir mi alma y sentir plenitud y lo lograré.

El caminaba y pesaba será que algún día encontraré ese
amor que me amé sin miedo en libertad que solo anhele
ser feliz quizá ya no lo logré, pensó e inhalo
profundamente mientras llegaba a su destino.

Ella estaba allí viendo unas flores para el jardín y él se
acercó a ver otras plantas, sus manos se rozaron por
accidente y la sensación que sintieron recorrió como
incendio todo el cuerpo.

Ambos se observaron ella y sus ojos llenos de luz, el con
su sonrisa tímida pero feliz, ella pensaba que pasara si lo
beso, él pensaba lo mismo, pero ella no pudo resistirse y
se atrevió le robo un beso a ese desconocido el no opuso
resistencia y correspondió, al final el solo dijo,
tus labios en mis labios el cortocircuito perfecto.

No saben que pasará pero por hoy algo comenzó a surgir
aún no saben que es pero esperan que más que química
sea amor por hoy a los dos les hace feliz.

Ahora se mandan mensajes, se dedican canciones y se
toman horas para verse y amarse como nunca.

———————

Epílogo

Inundado y hasta perplejo además de emocionado tras la edición de un trabajo que constituye una historia de amor inquebrantable a todas luces. En diversas ocasiones he repetido hasta la saciedad que el amor es un sentimiento sin fronteras ni límites. Pero dedicar una vida entera a elevar un canto a un amor tan inmenso es casi inconcebible incluso para este humilde poeta. La frescura y la inmediatez además de la perseverancia fraguan una obra poética fuera de lo razonable. No tengo otra forma de definir este gran libro que he tenido el placer de colaborar para una edición digna de él. Pero me quedo con la gran enseñanza de aprender a amar de forma infinita. Un grandísimo honor. Mis felicitaciones a mi querida Tintas de amor... por hacerme vibrar con sus lindos sentimientos.

Juan José Donaire García

~ **Mirada** ~

Me vi atrapado por su mirada
al invitarme a mirar sus ojos,
fuente de paz y de mil antojos
el dulce manjar de un rey, un hada...

...Que se posó así como si nada,
y tuve que ajustar mis anteojos,
me quitó a mí todos los enojos,
esa brisa fresca y desbordada...

...Capaz de borrar la tempestad,
algo así sin querer o queriendo.
Qué secreto tendrá una amistad...

...Si solo por ese estar leyendo
en los ojos que hablan de verdad
se hace posible acabar queriendo.

––––––––––––––

Juan José Donaire García
@poeta.joan

Gracias @poeta.joan por hacer
de mi persona una poesía.

YuddyCifuentes

Agradecimientos.

En este camino que ahora tránsito puedo ver cuán bueno ha sido el universo conmigo, me ha llevado por veredas, praderas, carreteras, montañas, ríos y playas y cada gota de lluvia o brisa fresca que mi alma ha recibido se a transformado en agradecimiento.

A mi vida muchas almas han llegado unas almas nacieron de mi corazón y hoy le doy gracias al destino por ponerlas en mi camino.

Gracias a mis hijos Mónica, Daniel y Darcy por ser el aliciente perfecto para llenarme de ganas de vivir, gracias a mis hermanos por ser siempre apoyo, gracias al cielo por los que ya no están pero siguen conmigo.

A mis amigo de letras que me han acompañado y que son fruto de una pandemia que nos hizo coincidir.

Gracias Matí, Patty, Karina, Esther, Lazary, Elena. Y muchos más que son ahora parte de mi alma.

Gracias Emma Arlubins y a ti Juan José Donaire García por ser el hacedor de realizar este sueño que me ha acompañado toda la vida.

Gracias infinitas a todos aquellos que leerán este fragmento de amor.

Yuddy Cifuentes